Vorwort

Salut mes amis,

in Bien! Französische Verben Verbtabellen kannst du schnell und einfach die einzelnen Verben nachschlagen. Es eignet sich bestens für die Schule und für unterwegs.

Bon courage!

Verena Lechner

Alle Rechte vorbehalten. Jede Art der Vervielfältigung, auch die des auszugsweisen Nachdrucks, der fotomechanischen Wiedergabe sowie der Einspeicherung und Verarbeitung in elektronische Systeme, ist gesetzlich verboten.

Erläuterung

Bien! Verben ist nach den einzelnen Konjugationsgruppen gegliedert.

Zuerst werden die beiden Hilfsverben *être* und *avoir* angeführt.
Danach folgen die Modalverben ***devoir, pouvoir, savoir*** und ***vouloir***.
Auf die Modalverben folgen die regelmäßigen Verben der 1. und der 2. Gruppe sowie die unregelmäßigen Verben der 3. Gruppe.

Nach den Verbtabellen folgt eine alphabetische Verbliste. Rechts neben dem jeweiligen Verb ist die Nummer der Verbtabelle angeführt, zB:

| ensiler | 7 |

Das Verb *ensiler* wird somit wie *aimer* (siehe Verbtabelle) konjugiert.

Verben die mit * gekennzeichnet sind werden im Anhang näher erläutert.

Folgende 16 Verben bilden die **zusammengesetzten Zeiten mit *être*:**
aller, arriver, descendre, devenir, entrer, monter, mourir, naître, partir, rentrer, rester, retourner, revenir, sortir, tomber, venir.

Auch die **rückbezüglichen Verben** bilden die zusammengesetzten Zeiten mit *être*. Zusätzlich müssen die einzelnen Formen mit den Pronomen ***me, te, se, nous, vous, se*** ergänzt werden.

Übersicht Verbtabellen

1	être	31	bouillir	61	vaincre
2	avoir	32	dormir	62	traire
3	devoir	33	courir	63	faire
4	pouvoir	34	mourir	64	plaire
5	savoir	35	servir	65	connaître
6	vouloir	36	fuir	66	naître
7	aimer	37	ouïr	67	paître
8	placer	38	gésir	68	repaître
9	manger	39	recevoir	69	croître
10	peser	40	voir	70	croire
11	céder	41	pourvoir	71	clore
12	jeter	42	mouvoir	72	conclure
13	modeler	43	pleuvoir	73	absoudre
14	créer	44	falloir	74	coudre
15	assiéger	45	valoir	75	moudre
16	apprécier	46	asseoir	76	suivre
17	payer	47	asseoir	77	vivre
18	broyer	48	seoir	78	lire
19	envoyer	49	messeoir	79	dire
20	finir	50	surseoir	80	rire
21	haïr	51	choir	81	écrire
22	aller	52	échoir	82	confire
23	tenir	53	déchoir	83	cuire
24	acquérir	54	rendre	84	boire
25	sentir	55	prendre		
26	vêtir	56	battre		
27	couvrir	57	mettre		
28	cueillir	58	peindre		
29	assaillir	59	joindre		
30	faillir	60	craindre		

Hilfsverben

1 être

présent	passé composé
je suis	j'ai été
tu es	tu as été
il/elle est	il/elle a été
nous sommes	nous avons été
vous êtes	vous avez été
ils/elles sont	ils/elles ont été

imparfait	plus-que-parfait
j'étais	j'avais été
tu étais	tu avais été
il/elle était	il/elle avait été
nous étions	nous avions été
vous étiez	vous aviez été
ils/elles étaient	ils/elles avaient été

passé simple	passé antérieur
je fus	j'eus été
tu fus	tu eus été
il/elle fut	il/elle eut été
nous fûmes	nous eûmes été
vous fûtes	vous eûtes été
ils/elles furent	ils/elles eurent été

futur simple	futur antérieur
je serai	j'aurai été
tu seras	tu auras été
il/elle sera	il/elle aura été
nous serons	nous aurons été
vous serez	vous aurez été
ils/elles seront	ils/elles auront été

conditionnel présent	conditionnel passé
je serais	j'aurais été
tu serais	tu aurais été
il/elle serait	il/elle aurait été
nous serions	nous aurions été
vous seriez	vous auriez été
ils/elles seraient	ils/elles auraient été

subjonctif présent	subjonctif passé
je sois	j'aie été
tu sois	tu aies été
il/elle soit	il/elle ait été
nous soyons	nous ayons été
vous soyez	vous ayez été
ils/elles soient	ils/elles aient été

subjonctif imparfait	subjonctif plus-que-parfait
je fusse	j'eusse été
tu fusses	tu eusses été
il/elle fût	il/elle eût été
nous fussions	nous eussions été
vous fussiez	vous eussiez été
ils/elles fussent	ils/elles eussent été

impératif présent	impératif passé
sois	ayons été
soyons	aie été
soyez	ayez été

infinitif présent	infinitif passé
être	avoir été

participe présent	participe passé
étant	été

gérondif présent	gérondif passé
en étant	en ayant été

2 avoir

présent	passé composé
j'ai	j'ai eu
tu as	tu as eu
il/elle a	il/elle a eu
nous avons	nous avons eu
vous avez	vous avez eu
ils/elles ont	ils/elles ont eu

imparfait	plus-que-parfait
j'avais	j'avais eu
tu avais	tu avais eu
il/elle avait	il/elle avait eu
nous avions	nous avions eu
vous aviez	vous aviez eu
ils/elles avaient	ils/elles avaient eu

passé simple	passé antérieur
j'eus	j'eus eu
tu eus	tu eus eu
il/elle eut	il/elle eut eu
nous eûmes	nous eûmes eu
vous eûtes	vous eûtes eu
ils/elles eurent	ils/elles eurent eu

futur simple	futur antérieur
j'aurai	j'aurai eu
tu auras	tu auras eu
il/elle aura	il/elle aura eu
nous aurons	nous aurons eu
vous aurez	vous aurez eu
ils/elles auront	ils/elles auront eu

conditionnel présent	conditionnel passé
j'aurais	j'aurais eu
tu aurais	tu aurais eu
il/elle aurait	il/elle aurait eu
nous aurions	nous aurions eu
vous auriez	vous auriez eu
ils/elles auraient	ils/elles auraient eu

subjonctif présent	subjonctif passé
j'aie	j'aie eu
tu aies	tu aies eu
il/elle ait	il/elle ait eu
nous ayons	nous ayons eu
vous ayez	vous ayez eu
ils/elles aient	ils/elles aient eu

subjonctif imparfait	subjonctif plus-que-parfait
j'eusse	j'eusse eu
tu eusses	tu eusses eu
il/elle eût	il/elle eût eu
nous eussions	nous eussions eu
vous eussiez	vous eussiez eu
ils/elles eussent	ils/elles eussent eu

impératif présent	impératif passé
aie	aie eu
ayons	ayons eu
ayez	ayez eu

infinitif présent	infinitif passé
avoir	avoir eu

participe présent	participe passé
ayant	eu

gérondif présent	gérondif passé
en ayant	en ayant eu

Modalverben

3 devoir

présent	passé composé
je dois	j'ai dû
tu dois	tu as dû
il/elle doit	il/elle a dû
nous devons	nous avons dû
vous devez	vous avez dû
ils/elles doivent	ils/elles ont dû

imparfait	plus-que-parfait
je devais	j'avais dû
tu devais	tu avais dû
il/elle devait	il/elle avait dû
nous devions	nous avions dû
vous deviez	vous aviez dû
ils/elles devaient	ils/elles avaient dû

passé simple	passé antérieur
je dus	j'eus dû
tu dus	tu eus dû
il/elle dut	il/elle eut dû
nous dûmes	nous eûmes dû
vous dûtes	vous eûtes dû
ils/elles durent	ils/elles eurent dû

futur simple	futur antérieur
je devrai	j'aurai dû
tu devras	tu auras dû
il/elle devra	il/elle aura dû
nous devrons	nous aurons dû
vous devrez	vous aurez dû
ils/elles devront	ils/elles auront dû

© Bien! Verbtabellen

conditionnel présent	conditionnel passé
je devrais	j'aurais dû
tu devrais	tu aurais dû
il/elle devrait	il/elle aurait dû
nous devrions	nous aurions dû
vous devriez	vous auriez dû
ils/elles devraient	ils/elles auraient dû

subjonctif présent	subjonctif passé
je doive	j'aie dû
tu doives	tu aies dû
il/elle doive	il/elle ait dû
nous devions	nous ayons dû
vous deviez	vous ayez dû
ils/elles doivent	ils/elles aient dû

subjonctif imparfait	subjonctif plus-que-parfait
je dusse	j'eusse dû
tu dusses	tu eusses dû
il/elle dût	il/elle eût dû
nous dussions	nous eussions dû
vous dussiez	vous eussiez dû
ils/elles dussent	ils/elles eussent dû

impératif présent	impératif passé
dois	aie dû
devons	ayons dû
devez	ayez dû

infinitif présent	infinitif passé
devoir	avoir dû

participe présent	participe passé
devant	dû

gérondif présent	gérondif passé
en devant	en ayant dû

4 pouvoir

présent	passé composé
je peux/puis	j'ai pu
tu peux	tu as pu
il/elle peut	il/elle a pu
nous pouvons	nous avons pu
vous pouvez	vous avez pu
ils/elles peuvent	ils/elles ont pu

imparfait	plus-que-parfait
je pouvais	j'avais pu
tu pouvais	tu avais pu
il/elle pouvait	il/elle avait pu
nous pouvions	nous avions pu
vous pouviez	vous aviez pu
ils/elles pouvaient	ils/elles avaient pu

passé simple	passé antérieur
je pus	j'eus pu
tu pus	tu eus pu
il/elle put	il/elle eut pu
nous pûmes	nous eûmes pu
vous pûtes	vous eûtes pu
ils/elles purent	ils/elles eurent pu

futur simple	futur antérieur
je pourrai	j'aurai pu
tu pourras	tu auras pu
il/elle pourra	il/elle aura pu
nous pourrons	nous aurons pu
vous pourrez	vous aurez pu
ils/elles pourront	ils/elles auront pu

conditionnel présent	conditionnel passé
je pourrais	j'aurais pu
tu pourrais	tu aurais pu
il/elle pourrait	il/elle aurait pu
nous pourrions	nous aurions pu
vous pourriez	vous auriez pu
ils/elles pourraient	ils/elles auraient pu

subjonctif présent	subjonctif passé
je puisse	j'aie pu
tu puisses	tu aies pu
il/elle puisse	il/elle ait pu
nous puissions	nous ayons pu
vous puissiez	vous ayez pu
ils/elles puissent	ils/elles aient pu

subjonctif imparfait	subjonctif plus-que-parfait
je pusse	j'eusse pu
tu pusses	tu eusses pu
il/elle pût	il/elle eût pu
nous pussions	nous eussions pu
vous pussiez	vous eussiez pu
ils/elles pussent	ils/elles eussent pu

impératif présent	impératif passé
-	-
-	-
-	-

infinitif présent	infinitif passé
pouvoir	avoir pu

participe présent	participe passé
pouvant	pu

gérondif présent	gérondif passé
en pouvant	en ayant pu

5 savoir

présent	passé composé
je sais	j'ai su
tu sais	tu as su
il/elle sait	il/elle a su
nous savons	nous avons su
vous savez	vous avez su
ils/elles savent	ils/elles ont su

imparfait	plus-que-parfait
je savais	j'avais su
tu savais	tu avais su
il/elle savait	il/elle avait su
nous savions	nous avions su
vous saviez	vous aviez su
ils/elles savaient	ils/elles avaient su

passé simple	passé antérieur
je sus	j'eus su
tu sus	tu eus su
il/elle sut	il/elle eut su
nous sûmes	nous eûmes su
vous sûtes	vous eûtes su
ils/elles surent	ils/elles eurent su

futur simple	futur antérieur
je saurai	j'aurai su
tu sauras	tu auras su
il/elle saura	il/elle aura su
nous saurons	nous aurons su
vous saurez	vous aurez su
ils/elles sauront	ils/elles auront su

conditionnel présent	conditionnel passé
je saurais	j'aurais su
tu saurais	tu aurais su
il/elle saurait	il/elle aurait su
nous saurions	nous aurions su
vous sauriez	vous auriez su
ils/elles sauraient	ils/elles auraient su

subjonctif présent	subjonctif passé
je sache	j'aie su
tu saches	tu aies su
il/elle sache	il/elle ait su
nous sachions	nous ayons su
vous sachiez	vous ayez su
ils/elles sachent	ils/elles aient su

subjonctif imparfait	subjonctif plus-que-parfait
je susse	j'eusse su
tu susses	tu eusses su
il/elle sût	il/elle eût su
nous sussions	nous eussions su
vous sussiez	vous eussiez su
ils/elles sussent	ils/elles eussent su

impératif présent	impératif passé
sache	aie su
sachons	ayons su
sachez	ayez su

infinitif présent	infinitif passé
savoir	avoir su

participe présent	participe passé
sachant	su

gérondif présent	gérondif passé
en sachant	en ayant su

6 vouloir

présent	passé composé
je veux	j'ai voulu
tu veux	tu as voulu
il/elle veut	il/elle a voulu
nous voulons	nous avons voulu
vous voulez	vous avez voulu
ils/elles veulent	ils/elles ont voulu

imparfait	plus-que-parfait
je voulais	j'avais voulu
tu voulais	tu avais voulu
il/elle voulait	il/elle avait voulu
nous voulions	nous avions voulu
vous vouliez	vous aviez voulu
ils/elles voulaient	ils/elles avaient voulu

passé simple	passé antérieur
je voulus	j'eus voulu
tu voulus	tu eus voulu
il/elle voulut	il/elle eut voulu
nous voulûmes	nous eûmes voulu
vous voulûtes	vous eûtes voulu
ils/elles voulurent	ils/elles eurent voulu

futur simple	futur antérieur
je voudrai	j'aurai voulu
tu voudras	tu auras voulu
il/elle voudra	il/elle aura voulu
nous voudrons	nous aurons voulu
vous voudrez	vous aurez voulu
ils/elles voudront	ils/elles auront voulu

conditionnel présent	conditionnel passé
je voudrais	j'aurais voulu
tu voudrais	tu aurais voulu
il/elle voudrait	il/elle aurait voulu
nous voudrions	nous aurions voulu
vous voudriez	vous auriez voulu
ils/elles voudraient	ils/elles auraient voulu

subjonctif présent	subjonctif passé
je veuille	j'aie voulu
tu veuilles	tu aies voulu
il/elle veuille	il/elle ait voulu
nous voulions	nous ayons voulu
vous vouliez	vous ayez voulu
ils/elles veuillent	ils/elles aient voulu

subjonctif imparfait	subjonctif plus-que-parfait
je voulusse	j'eusse voulu
tu voulusses	tu eusses voulu
il/elle voulût	il/elle eût voulu
nous voulussions	nous eussions voulu
vous voulussiez	vous eussiez voulu
ils/elles voulussent	ils/elles eussent voulu

impératif présent	impératif passé
veux/veuille	aie voulu
voulons	ayons voulu
voulez/veuillez	ayez voulu

infinitif présent	infinitif passé
vouloir	avour voulu

participe présent	participe passé
voulant	voulu

gérondif présent	gérondif passé
en voulant	en ayant voulu

1. Gruppe

7 aimer
Verben auf –er

présent	passé composé
j'aime	j'ai aimé
tu aimes	tu as aimé
il/elle aime	il/elle a aimé
nous aimons	nous avons aimé
vous aimez	vous avez aimé
ils/elles aiment	ils/elles ont aimé

imparfait	plus-que-parfait
j'aimais	j'avais aimé
tu aimais	tu avais aimé
il/elle aimait	il/elle avait aimé
nous aimions	nous avions aimé
vous aimiez	vous aviez aimé
ils/elles aimaient	ils/elles avaient aimé

passé simple	passé antérieur
j'aimai	j'eus aimé
tu aimas	tu eus aimé
il/elle aima	il/elle eut aimé
nous aimâmes	nous eûmes aimé
vous aimâtes	vous eûtes aimé
ils/elles aimèrent	ils/elles eurent aimé

futur simple	futur antérieur
j'aimerai	j'aurai aimé
tu aimeras	tu auras aimé
il/elle aimera	il/elle aura aimé
nous aimerons	nous aurons aimé
vous aimerez	vous aurez aimé
ils/elles aimeront	ils/elles auront aimé

conditionnel présent	conditionnel passé
j'aimerais	j'aurais aimé
tu aimerais	tu aurais aimé
il/elle aimerait	il/elle aurait aimé
nous aimerions	nous aurions aimé
vous aimeriez	vous auriez aimé
ils/elles aimeraient	ils/elles auraient aimé

subjonctif présent	subjonctif passé
j'aime	j'aie aimé
tu aimes	tu aies aimé
il/elle aime	il/elle ait aimé
nous aimions	nous ayons aimé
vous aimiez	vous ayez aimé
ils/elles aiment	ils/elles aient aimé

subjonctif imparfait	subjonctif plus-que-parfait
j'aimasse	j'eusse aimé
tu aimasses	tu eusses aimé
il/elle aimât	il/elle eût aimé
nous aimassions	nous eussions aimé
vous aimassiez	vous eussiez aimé
ils/elles aimassent	ils/elles eussent aimé

impératif présent	impératif passé
aime	aie aimé
aimons	ayons aimé
aimez	ayez aimé

infinitif présent	infinitif passé
aimer	avoir aimé

participe présent	participe passé
aimant	aimé

gérondif présent	gérondif passé
en aimant	en ayant aimé

8 placer

Verben auf –cer

présent	passé composé
je place	j'ai placé
tu places	tu as placé
il/elle place	il/elle a placé
nous plaçons	nous avons placé
vous placez	vous avez placé
ils/elles placent	ils/elles ont placé

imparfait	plus-que-parfait
je plaçais	j'avais placé
tu plaçais	tu avais placé
il/elle plaçait	il/elle avait placé
nous placions	nous avions placé
vous placiez	vous aviez placé
ils/elles plaçaient	ils/elles avaient placé

passé simple	passé antérieur
je plaçai	j'eus placé
tu plaças	tu eus placé
il/elle plaça	il/elle eut placé
nous plaçâmes	nous eûmes placé
vous plaçâtes	vous eûtes placé
ils/elles placèrent	ils/elles eurent placé

futur simple	futur antérieur
je placerai	j'aurai placé
tu placeras	tu auras placé
il/elle placera	il/elle aura placé
nous placerons	nous aurons placé
vous placerez	vous aurez placé
ils/elles placeront	ils/elles auront placé

conditionnel présent	conditionnel passé
je placerais	j'aurais placé
tu placerais	tu aurais placé
il/elle placerait	il/elle aurait placé
nous placerions	nous aurions placé
vous placeriez	vous auriez placé
ils/elles placeraient	ils/elles auraient placé

subjonctif présent	subjonctif passé
je place	j'aie placé
tu places	tu aies placé
il/elle place	il/elle ait placé
nous placions	nous ayons placé
vous placiez	vous ayez placé
ils/elles placent	ils/elles aient placé

subjonctif imparfait	subjonctif plus-que-parfait
je plaçasse	j'eusse placé
tu plaçasses	tu eusses placé
il/elle plaçât	il/elle eût placé
nous plaçassions	nous eussions placé
vous plaçassiez	vous eussiez placé
ils/elles plaçassent	ils/elles eussent placé

impératif présent	impératif passé
place	aie placé
plaçons	ayons placé
placez	ayez placé

infinitif présent	infinitif passé
placer	avour placé

participe présent	participe passé
plaçant	placé

gérondif présent	gérondif passé
en plaçant	en ayant placé

9   manger

Verben auf –ger

présent	passé composé
je mange	j'ai mangé
tu manges	tu as mangé
il/elle mange	il/elle a mangé
nous mangeons	nous avons mangé
vous mangez	vous avez mangé
ils/elles mangent	ils/elles ont mangé

imparfait	plus-que-parfait
je mangeais	j'avais mangé
tu mangeais	tu avais mangé
il/elle mangeait	il/elle avait mangé
nous mangions	nous avions mangé
vous mangiez	vous aviez mangé
ils/elles mangeaient	ils/elles avaient mangé

passé simple	passé antérieur
je mangeai	j'eus mangé
tu mangeas	tu eus mangé
il/elle mangea	il/elle eut mangé
nous mangeâmes	nous eûmes mangé
vous mangeâtes	vous eûtes mangé
ils/elles mangèrent	ils/elles eurent mangé

futur simple	futur antérieur
je mangerai	j'aurai mangé
tu mangeras	tu auras mangé
il/elle mangera	il/elle aura mangé
nous mangerons	nous aurons mangé
vous mangerez	vous aurez mangé
ils/elles mangeront	ils/elles auront mangé

conditionnel présent	conditionnel passé
je mangerais	j'aurais mangé
tu mangerais	tu aurais mangé
il/elle mangerait	il/elle aurait mangé
nous mangerions	nous aurions mangé
vous mangeriez	vous auriez mangé
ils/elles mangeraient	ils/elles auraient mangé

subjonctif présent	subjonctif passé
je mange	j'aie mangé
tu manges	tu aies mangé
il/elle mange	il/elle ait mangé
nous mangions	nous ayons mangé
vous mangiez	vous ayez mangé
ils/elles mangent	ils/elles aient mangé

subjonctif imparfait	subjonctif plus-que-parfait
je mangeasse	j'eusse mangé
tu mangeasses	tu eusses mangé
il/elle mangeât	il/elle eût mangé
nous mangeassions	nous eussions mangé
vous mangeassiez	vous eussiez mangé
ils/elles mangeassent	ils/elles eussent mangé

impératif présent	impératif passé
mange	aie mangé
mangeons	ayons mangé
mangez	ayez mangé

infinitif présent	infinitif passé
manger	avoir mangé

participe présent	participe passé
mangeant	mangé

gérondif présent	gérondif passé
en mangeant	en ayant mangé

10 peser

Verben mit stummem e in der vorletzten Silbe des Infintivs

présent	passé composé
je pèse	j'ai pesé
tu pèses	tu as pesé
il/elle pèse	il/elle a pesé
nous pesons	nous avons pesé
vous pesez	vous avez pesé
ils/elles pèsent	ils/elles ont pesé

imparfait	plus-que-parfait
je pesais	j'avais pesé
tu pesais	tu avais pesé
il/elle pesait	il/elle avait pesé
nous pesions	nous avions pesé
vous pesiez	vous aviez pesé
ils/elles pesaient	ils/elles avaient pesé

passé simple	passé antérieur
je pesai	j'eus pesé
tu pesas	tu eus pesé
il/elle pesa	il/elle eut pesé
nous pesâmes	nous eûmes pesé
vous pesâtes	vous eûtes pesé
ils/elles pesèrent	ils/elles eurent pesé

futur simple	futur antérieur
je pèserai	j'aurai pesé
tu pèseras	tu auras pesé
il/elle pèsera	il/elle aura pesé
nous pèserons	nous aurons pesé
vous pèserez	vous aurez pesé
ils/elles pèseront	ils/elles auront pesé

conditionnel présent	conditionnel passé
je pèserais	j'aurais pesé
tu pèserais	tu aurais pesé
il/elle pèserait	il/elle aurait pesé
nous pèserions	nous aurions pesé
vous pèseriez	vous auriez pesé
ils/elles pèseraient	ils/elles auraient pesé

subjonctif présent	subjonctif passé
je pèse	j'aie pesé
tu pèses	tu aies pesé
il/elle pèse	il/elle ait pesé
nous pesions	nous ayons pesé
vous pesiez	vous ayez pesé
ils/elles pèsent	ils/elles aient pesé

subjonctif imparfait	subjonctif plus-que-parfait
je pesasse	j'eusse pesé
tu pesasses	tu eusses pesé
il/elle pesât	il/elle eût pesé
nous pesassions	nous eussions pesé
vous pesassiez	vous eussiez pesé
ils/elles pesassent	ils/elles eussent pesé

impératif présent	impératif passé
pèse	aie pesé
pesons	ayons pesé
pesez	ayez pesé

infinitif présent	infinitif passé
peser	avoir pesé

participe présent	participe passé
pesant	pesé

gérondif présent	gérondif passé
en pesant	en ayant pesé

11 céder

Verben mit é in der vorletzten Silbe des Infinitivs

présent	passé composé
je cède	j'ai cédé
tu cèdes	tu as cédé
il/elles cède	il/elle a cédé
nous cédons	nous avons cédé
vous cédez	vous avez cédé
ils/elles cèdent	ils/elles ont cédé

imparfait	plus-que-parfait
je cédais	j'avais cédé
tu cédais	tu avais cédé
il/elle cédait	il/elle avait cédé
nous cédions	nous avions cédé
vous cédiez	vous aviez cédé
ils/elles cédaient	ils/elles avaient cédé

passé simple	passé antérieur
je cédai	j'eus cédé
tu cédas	tu eus cédé
il/elle céda	il/elle eut cédé
nous cédâmes	nous eûmes cédé
vous cédâtes	vous eûtes cédé
ils/elles cédèrent	ils/elles eurent cédé

futur simple	futur antérieur
je céderai	je'aurais cédé
tu cédaras	tu auras cédé
il/elle cédera	il/elle aura cédé
nous céderons	nous aurons cédé
vous céderez	vous aurez cédé
ils/elles céderont	ils/elles auront cédé

conditionnel présent	conditionnel passé
je céderais	j'aurais cédé
tu céderais	tu aurais cédé
il/elle céderait	il/elle aurait cédé
nous céderions	nous aurions cédé
vous céderiez	vous auriez cédé
ils/elles céderaient	ils/elles auraient cédé

subjonctif présent	subjonctif passé
je cède	j'aie cédé
tu cèdes	tu aies cédé
il/elle cède	il/elle ait cédé
nous cédions	nous ayons cédé
vous cédiez	vous ayez cédé
ils/elles cèdent	ils/elles aient cédé

subjonctif imparfait	subjonctif plus-que-parfait
je cédasse	j'eusse cédé
tu cédasses	tu eusses cédé
il/elle cédât	il/elle eût cédé
nous cédassions	nous eussions cédé
vous cédassiez	vous eussiez cédé
ils/elles cédassent	ils/elles eussent cédé

impératif présent	impératif passé
cède	aie cédé
cédons	ayons cédé
cédez	ayez cédé

infinitif présent	infinitif passé
céder	avour cédé

participe présent	participe passé
cédant	cédé

gérondif présent	gérondif passé
en cédant	en ayant cédé

© Bien! Verbtabellen

12 jeter

Verben auf –eler/-eter die l/t vor stummem e verdoppeln

présent	passé composé
je jette	j'ai jeté
tu jettes	tu as jeté
il/elle jette	il/elle a jeté
nous jetons	nous avons jeté
vous jetez	vous avez jeté
ils/elles jettent	ils/elles ont jeté

imparfait	plus-que-parfait
je jetais	j'avais jeté
tu jetais	tu avais jeté
il/elle jetait	il/elle avait jeté
nous jetions	nous avions jeté
vous jetiez	vous aviez jeté
ils/elles jetaient	ils/elles avaient jeté

passé simple	passé antérieur
je jetai	j'eus jeté
tu jetas	tu eus jeté
il/elle jeta	il/elle eut jeté
nous jetâmes	nous eûmes jeté
vous jetâtes	vous eûtes jeté
ils/elles jetèrent	ils/elles eurent jeté

futur simple	futur antérieur
je jetterai	j'aurai jeté
tu jetteras	tu auras jeté
il/elle jettera	il/elle aura jeté
nous jetterons	nous aurons jeté
vous jetterez	vous aurez jeté
ils/elles jetteront	ils/elles auront jeté

conditionnel présent	conditionnel passé
je jetterais	j'aurais jeté
tu jetterais	tu aurais jeté
il/elle jetterait	il/elle aurait jeté
nous jetterions	nous aurions jeté
vous jetteriez	vous auriez jeté
ils/elles jetteraient	ils/elles auraient jeté

subjonctif présent	subjonctif passé
je jette	j'aie jeté
tu jettes	tu aies jeté
il/elle jette	il/elle ait jeté
nous jetions	nous ayons jeté
vous jetiez	vous ayez jeté
ils/elles jettent	ils/elles aient jeté

subjonctif imparfait	subjonctif plus-que-parfait
je jetasse	j'eusse jeté
tu jetasses	tu eusses jeté
il/elle jetât	il/elle eût jeté
nous jetassions	nous eussions jeté
vous jetassiez	vous eussiez jeté
ils/elles jetassent	ils/elles eussent jeté

impératif présent	impératif passé
jette	aie jeté
jetons	ayons jeté
jetez	ayez jeté

infinitif présent	infinitif passé
jeter	avoir jeté

participe présent	participe passé
jetant	jeté

gérondif présent	gérondif passé
en jetant	en ayant jeté

13 modeler

Verben auf –eler/-eter ohne Verdoppelung des Stammkonsonanten

présent	passé composé
je modèle	j'ai modelé
tu modèles	tu as modelé
il/elle modèle	il/elle a modelé
nous modelons	nous avons modelé
vous modelez	vous avez modelé
ils/elles modèlent	ils/elles ont modelé

imparfait	plus-que-parfait
je modelais	j'avais modelé
tu modelais	tu avais modelé
il/elle modelait	il/elle avait modelé
nous modelions	nous avions modelé
vous modeliez	vous aviez modelé
ils/elles modelaient	ils/elles avaient modelé

passé simple	passé antérieur
je modelai	j'eus modelé
tu modelas	tu eus modelé
il/elle modela	il/elle eut modelé
nous modelâmes	nous eûmes modelé
vous modelâtes	vous eûtes modelé
ils/elles modelèrent	ils/elles eurent modelé

futur simple	futur antérieur
je modèlerai	j'aurai modelé
tu modèleras	tu auras modelé
il/elle modèlera	il/elle aura modelé
nous modèlerons	nous aurons modelé
vous modèlerez	vous aurez modelé
ils/elles modèleront	ils/elles auront modelé

conditionnel présent	conditionnel passé
je modèlerais	j'aurais modelé
tu modèlerais	tu aurais modelé
il/elle modèlerait	il/elle aurait modelé
nous modèlerions	nous aurions modelé
vous modèleriez	vous auriez modelé
ils/elles modèleraient	ils/elles auraient modelé

subjonctif présent	subjonctif passé
je modèle	j'aie modelé
tu modèles	tu aies modelé
il/elle modèle	il/elle ait modelé
nous modelions	nous ayons modelé
vous modeliez	vous ayez modelé
ils/elles modèlent	ils/elles aient modelé

subjonctif imparfait	subjonctif plus-que-parfait
je modelasse	j'eusse modelé
tu modelasses	tu eusses modelé
il/elle modelât	il/elle eût modelé
nous modelassions	nous eussions modelé
vous modelassiez	vous eussiez modelé
ils/elles modelassent	ils/elles eussent modelé

impératif présent	impératif passé
modèle	aie modelé
modelons	ayons modelé
modelez	ayez modelé

infinitif présent	infinitif passé
modeler	avoir modelé

participe présent	participe passé
modelant	modelé

gérondif présent	gérondif passé
en modelant	en ayant modelé

14 créer

Verben auf –éer

présent	passé composé
je crée	j'ai créé
tu crées	tu as créé
il/elle crée	il/elle a créé
nous créons	nous avons créé
vous créez	vous avez créé
ils/elles créent	ils/elles ont créé

imparfait	plus-que-parfait
je créais	j'avais créé
tu créais	tu avais créé
il/elle créait	il/elle avait créé
nous créions	nous avions créé
vous créiez	vous aviez créé
ils/elles créaient	ils/elles avaient créé

passé simple	passé antérieur
je créai	j'eus créé
tu créas	tu eus créé
il/elle créa	il/elle eut créé
nous créâmes	nous eûmes créé
vous créâtes	vous eûtes créé
ils/elles créèrent	ils/elles eurent créé

futur simple	futur antérieur
je créerai	j'aurai créé
tu créeras	tu auras créé
il/elle créera	il/elle aura créé
nous créerons	nous aurons créé
vous créerez	vous aurez créé
ils/elles créeront	ils/elles auront créé

conditionnel présent	conditionnel passé
je créerais	j'aurais créé
tu créerais	tu aurais créé
il/elle créerait	il/elle aurait créé
nous créerions	nous aurions créé
vous créeriez	vous auriez créé
ils/elles créeraient	ils/elles auraient créé

subjonctif présent	subjonctif passé
je crée	j'aie créé
tu crées	tu aies créé
il/elle crée	il/elle ait créé
nous créions	nous ayons créé
vous créiez	vous ayez créé
ils/elles créent	ils/elles aient créé

subjonctif imparfait	subjonctif plus-que-parfait
je créasse	j'eusse créé
tu créasses	tu eusses créé
il/elle créât	il/elle eût créé
nous créassions	nous eussions créé
vous créassiez	vous eussiez créé
ils/elles créassent	ils/elles eussent créé

impératif présent	impératif passé
crée	aie créé
créons	ayons créé
créez	ayez créé

infinitif présent	infinitif passé
créer	avoir créé

participe présent	participe passé
créant	créé

gérondif présent	gérondif passé
en créant	en ayant créé

15 assiéger

Verben auf -éger

présent	passé composé
j'assiège	j'ai assiégé
tu assièges	tu as assiégé
il/elle assiège	il/elle a assiégé
nous assiégeons	nous avons assiégé
vous assiégez	vous avez assiégé
ils/elles assiègent	ils/elles ont assiégé

imparfait	plus-que-parfait
j'assiégeais	j'avais assiégé
tu assiégeais	tu avais assiégé
il/elle assiégeait	il/elle avait assiégé
nous assiégions	nous avions assiégé
vous assiégiez	vous aviez assiégé
ils/elles assiégeaient	ils/elles avaient assiégé

passé simple	passé antérieur
j'assiégeai	j'eus assiégé
tu assiégeas	tu eus assiégé
il/elle assiégea	il/elle eut assiégé
nous assiégeâmes	nous eûmes assiégé
vous assiégeâtes	vous eûtes assiégé
ils/elles assiégèrent	ils/elles eurent assiégé

futur simple	futur antérieur
j'assiégerai	j'aurai assiégé
tu assiégeras	tu auras assiégé
il/elle assiégera	il/elle aura assiégé
nous assiégerons	nous aurons assiégé
vous assiégerez	vous aurez assiégé
ils/elles assiégeront	ils/elles auront assiégé

conditionnel présent	conditionnel passé
j'assiégerais	j'aurais assiégé
tu assiégerais	tu aurais assiégé
il/elle assiégerait	il/elle aurait assiégé
nous assiégerions	nous aurions assiégé
vous assiégeriez	vous auriez assiégé
ils/elles assiégeraient	ils/elles auraient assiégé

subjonctif présent	subjonctif passé
j'assiège	j'aie assiégé
tu assièges	tu aies assiégé
il/elle assiège	il/elle ait assiégé
nous assiégions	nous ayons assiégé
vous assiégiez	vous ayez assiégé
ils/elles assiègent	ils/elles aient assiégé

subjonctif imparfait	subjonctif plus-que-parfait
j'assiégeasse	j'eusse assiégé
tu assiégeasses	tu eusses assiégé
il/elle assiégeât	il/elle eût assiégé
nous assiégeassions	nous eussions assiégé
vous assiégeassiez	vous eussiez assiégé
ils/elles assiégeassent	ils/elles eussent assiégé

impératif présent	impératif passé
assiège	aie assiégé
assiégeons	ayons assiégé
assiégez	ayez assiégé

infinitif présent	infinitif passé
assiéger	avoir assiégé

participe présent	participe passé
assiégeant	assiégé

gérondif présent	gérondif passé
en assiégeant	en ayant assiégé

16   apprécier
Verben auf –ier

présent	passé composé
j'apprécie	j'ai apprécié
tu apprécies	tu as apprécié
il/elle apprécie	il/elle a apprécié
nous apprécions	nous avons apprécié
vous appréciez	vous avez apprécié
ils/elles apprécient	ils/elles ont apprécié

imparfait	plus-que-parfait
j'appréciais	j'avais apprécié
tu appréciais	tu avais apprécié
il/elle appréciait	il/elle avait apprécié
nous appréciions	nous avions apprécié
vous appréciiez	vous aviez apprécié
ils/elles appréciaient	ils/elles avaient apprécié

passé simple	passé antérieur
j'appréciai	j'eus apprécié
tu apprécias	tu eus apprécié
il/elle apprécia	il/elle eut apprécié
nous appréciâmes	nous eûmes apprécié
vous appréciâtes	vous eûtes apprécié
ils/elles apprécièrent	ils/elles eurent apprécié

futur simple	futur antérieur
j'apprécierai	j'aurai apprécié
tu apprécieras	tu auras apprécié
il/elle appréciera	il/elle aura apprécié
nous apprécierons	nous aurons apprécié
vous apprécierez	vous aurez apprécié
ils/elles apprécieront	ils/elles auront apprécié

conditionnel présent	conditionnel passé
j'apprécierais	j'aurais apprécié
tu apprécierais	tu aurais apprécié
il/elle apprécierait	il/elle aurait apprécié
nous apprécierions	nous aurions apprécié
vous apprécieriez	vous auriez apprécié
ils/elles apprécieraient	ils/elles auraient apprécié

subjonctif présent	subjonctif passé
j'apprécie	j'aie apprécié
tu apprécies	tu aies apprécié
il/elle apprécie	il/elle ait apprécié
nous appréciions	nous ayons apprécié
vous appréciiez	vous ayez apprécié
ils/elles apprécient	ils/elles aient apprécié

subjonctif imparfait	subjonctif plus-que-parfait
j'appréciasse	j'eusse apprécié
tu appréciasses	tu eusses apprécié
il/elle appréciât	il/elle eût apprécié
nous appréciassions	nous eussions apprécié
vous appréciassiez	vous eussiez apprécié
ils/elles appréciassent	ils/elles eussent apprécié

impératif présent	impératif passé
apprécie	aie apprécié
apprécions	ayons apprécié
appréciez	ayez apprécié

infinitif présent	infinitif passé
apprécier	avoir apprécié

participe présent	participe passé
appréciant	apprécié

gérondif présent	gérondif passé
en appréciant	en ayant apprécié

17 payer

Verben auf –ayer

présent	passé composé
je paye/paie	j'ai payé
tu payes/paies	tu as payé
il/elle paye/paie	il/elle a payé
nous payons	nous avons payé
vous payez	vous avez payé
ils/elles payent/paient	ils/elles ont payé

imparfait	plus-que-parfait
je payais	j'avais payé
tu payais	tu avais payé
il/elle payait	il/elle avait payé
nous payions	nous avions payé
vous payiez	vous aviez payé
ils/elles payaient	ils/elles avaient payé

passé simple	passé antérieur
je payai	j'eus payé
tu payas	tu eus payé
il/elle paya	il/elle eut payé
nous payâmes	nous eûmes payé
vous payâtes	vous eûtes payé
ils/elles payèrent	ils/elles eurent payé

futur simple	futur antérieur
je payerai/paierai	j'aurai payé
tu payeras/paieras	tu auras payé
il/elle payera/paiera	il/elle aura payé
nous payerons/paierons	nous aurons payé
vous payerez/paierez	vous aurez payé
ils/elles payeront/paieront	ils/elles auront payé

© Bien! Verbtabellen

conditionnel présent	conditionnel passé
je payerais/paierais	j'aurais payé
tu payerais/paierais	tu aurais payé
il/elle payerait/paierait	il/elle aurait payé
nous payerions/paierions	nous aurions payé
vous payeriez/paieriez	vous auriez payé
ils/elles payeraient/paieraient	ils/elles auraient payé

subjonctif présent	subjonctif passé
je paye/paie	j'aie payé
tu payes/paies	tu aies payé
il/elle paye/paie	il/elle ait payé
nous payions	nous ayons payé
vous payiez	vous ayez payé
ils/elles payent/paient	ils/elles aient payé

subjonctif imparfait	subjonctif plus-que-parfait
je payasse	j'eusse payé
tu payasses	tu eusses payé
il/elle payât	il/elle eût payé
nous payassions	nous eussions payé
vous payassiez	vous eussiez payé
ils/elles payassent	ils/elles eussent payé

impératif présent	impératif passé
paye / paie	aie payé
payons	ayons payé
payez	ayez payé

infinitif présent	infinitif passé
payer	avour payé

participe présent	participe passé
payant	payé

gérondif présent	gérondif passé
en payant	en ayant payé

© Bien! Verbtabellen

18 broyer

Verben auf –oyer/-uyer

présent	passé composé
je broie	j'ai broyé
tu broies	tu as broyé
il/elle broie	il/elle a broyé
nous broyons	nous avons broyé
vous broyez	vous avez broyé
ils/elles broient	ils/elles ont broyé

imparfait	plus-que-parfait
je broyais	j'avais broyé
tu broyais	tu avais broyé
il/elle broyait	il/elle avait broyé
nous broyions	nous avions broyé
vous broyiez	vous aviez broyé
ils/elles broyaient	ils/elles avaient broyé

passé simple	passé antérieur
je broyai	j'eus broyé
tu broyas	tu eus broyé
il/elle broya	il/elle eut broyé
nous broyâmes	nous eûmes broyé
vous broyâtes	vous eûtes broyé
ils/elles broyèrent	ils/elles eurent broyé

futur simple	futur antérieur
je broierai	j'eus broyé
tu broieras	tu eus broyé
il/elle broiera	il/elle eut broyé
nous broierons	nous eûmes broyé
vous broierez	vous eûtes broyé
ils/elles broieront	ils/elles eurent broyé

© Bien! Verbtabellen

conditionnel présent	conditionnel passé
je broierais	j'aurais broyé
tu broierais	tu aurais broyé
il/elle broierait	il/elle aurait broyé
nous broierions	nous aurions broyé
vous broieriez	vous auriez broyé
ils/elles broieraient	ils/elles auraient broyé

subjonctif présent	subjonctif passé
je broie	j'aie broyé
tu broies	tu aies broyé
il/elle broie	il/elle ait broyé
nous broyions	nous ayons broyé
vous broyiez	vous ayez broyé
ils/elles broient	ils/elles aient broyé

subjonctif imparfait	subjonctif plus-que-parfait
je broyasse	j'eusse broyé
tu broyasses	tu eusses broyé
il/elle broyât	il/elle eût broyé
nous broyassions	nous eussions broyé
vous broyassiez	vous eussiez broyé
ils/elles broyassent	ils/elles eussent broyé

impératif présent	impératif passé
broie	aie broyé
broyons	ayons broyé
broyez	ayez broyé

infinitif présent	infinitif passé
broyer	avoir broyé

participe présent	participe passé
broyant	broyé

gérondif présent	gérondif passé
en broyant	en ayant broyé

© Bien! Verbtabellen

19 envoyer

présent	passé composé
j'envoie	j'ai envoyé
tu envoies	tu as envoyé
il/elle envoie	il/elle a envoyé
nous envoyons	nous avons envoyé
vous envoyez	vous avez envoyé
ils/elles envoient	ils/elles ont envoyé

imparfait	plus-que-parfait
j'envoyais	j'avais envoyé
tu envoyais	tu avais envoyé
il/elle envoyait	il/elle avait envoyé
nous envoyions	nous avions envoyé
vous envoyiez	vous aviez envoyé
ils/elles envoyaient	ils/elles avaient envoyé

passé simple	passé antérieur
j'envoyai	j'eus envoyé
tu envoyas	tu eus envoyé
il/elle envoya	il/elle eut envoyé
nous envoyâmes	nous eûmes envoyé
vous envoyâtes	vous eûtes envoyé
ils/elles envoyèrent	ils/elles eurent envoyé

futur simple	futur antérieur
j'enverrai	j'eus envoyé
tu enverras	tu eus envoyé
il/elle enverra	il/elle eut envoyé
nous enverrons	nous eûmes envoyé
vous enverrez	vous eûtes envoyé
ils/elles enverront	ils/elles eurent envoyé

conditionnel présent	conditionnel passé
j'enverrais	j'aurais envoyé
tu enverrais	tu aurais envoyé
il/elle enverrait	il/elle aurait envoyé
nous enverrions	nous aurions envoyé
vous enverriez	vous auriez envoyé
ils/elles enverraient	ils/elles auraient envoyé

subjonctif présent	subjonctif passé
j'envoie	j'aie envoyé
tu envoies	tu aies envoyé
il/elle envoie	il/elle ait envoyé
nous envoyions	nous ayons envoyé
vous envoyiez	vous ayez envoyé
ils/elles envoient	ils/elles aient envoyé

subjonctif imparfait	subjonctif plus-que-parfait
j'envoyasse	j'eusse envoyé
tu envoyasses	tu eusses envoyé
il/elle envoyât	il/elle eût envoyé
nous envoyassions	nous eussions envoyé
vous envoyassiez	vous eussiez envoyé
ils/elles envoyassent	ils/elles eussent envoyé

impératif présent	impératif passé
envoie	aie envoyé
envoyons	ayons envoyé
envoyez	ayez envoyé

infinitif présent	infinitif passé
envoyer	envoyé

participe présent	participe passé
envoyant	envoyé

gérondif présent	gérondif passé
en envoyant	en ayant envoyé

2. Gruppe

20 finir
Verben auf –ir, participe présent auf –issant

présent	passé composé
je finis	j'ai fini
tu finis	tu as fini
il/elle finit	il/elle a fini
nous finissons	nous avons fini
vous finissez	vous avez fini
ils/elles finissent	ils/elles ont fini

imparfait	plus-que-parfait
je finissais	j'avais fini
tu finissais	tu avais fini
il/elle finissait	il/elle avait fini
nous finissions	nous avions fini
vous finissiez	vous aviez fini
ils/elles finissaient	ils/elles avaient fini

passé simple	passé antérieur
je finis	j'eus fini
tu finis	tu eus fini
il/elle finit	il/elle eut fini
nous finîmes	nous eûmes fini
vous finîtes	vous eûtes fini
ils/elles finirent	ils/elles eurent fini

futur simple	futur antérieur
je finirai	j'aurai fini
tu finiras	tu auras fini
il/elle finira	il/elle aura fini
nous finirons	nous aurons fini
vous finirez	vous aurez fini
ils/elles finiront	ils/elles auront fini

conditionnel présent	conditionnel passé
je finirais	j'aurais fini
tu finirais	tu aurais fini
il/elle finirait	il/elle aurait fini
nous finirions	nous aurions fini
vous finiriez	vous auriez fini
ils/elles finiraient	ils/elles auraient fini

subjonctif présent	subjonctif passé
je finisse	j'aie fini
tu finisses	tu aies fini
il/elle finisse	il/elle ait fini
nous finissions	nous ayons fini
vous finissiez	vous ayez fini
ils/elles finissent	ils/elles aient fini

subjonctif imparfait	subjonctif plus-que-parfait
je finisse	j'eusse fini
tu finisses	tu eusses fini
il/elle finît	il/elle eût fini
nous finissions	nous eussions fini
vous finissiez	vous eussiez fini
ils/elles finissent	ils/elles eussent fini

impératif présent	impératif passé
finis	aie fini
finissons	ayons fini
finissez	ayez fini

infinitif présent	infinitif passé
finir	avoir fini

participe présent	participe passé
finissant	fini

gérondif présent	gérondif passé
en finissant	en ayant fini

© Bien! Verbtabellen

21 haïr

présent	passé composé
je hais	j'ai haï
tu hais	tu as haï
il/elle hait	il/elle a haï
nous haïssons	nous avons haï
vous haïssez	vous avez haï
ils/elles haïssent	ils/elles ont haï

imparfait	plus-que-parfait
je haïssais	j'avais haï
tu haïssais	tu avais haï
il/elle haïssait	il/elle avait haï
nous haïssions	nous avions haï
vous haïssiez	vous aviez haï
ils/elles haïssaient	ils/elles avaient haï

passé simple	passé antérieur
je haïs	j'eus haï
tu haïs	tu eus haï
il/elle haït	il/elle eut haï
nous haïmes	nous eûmes haï
vous haïtes	vous eûtes haï
ils/elles haïrent	ils/elles eurent haï

futur simple	futur antérieur
je haïrai	j'aurai haï
tu haïras	tu auras haï
il/elle haïra	il/elle aura haï
nous haïrons	nous aurons haï
vous haïrez	vous aurez haï
ils/elles haïront	ils/elles auront haï

conditionnel présent	conditionnel passé
je haïrais	j'aurais haï
tu haïrais	tu aurais haï
il/elle haïrait	il/elle aurait haï
nous haïrions	nous aurions haï
vous haïriez	vous auriez haï
ils/elles haïraient	ils/elles auraient haï

subjonctif présent	subjonctif passé
je haïsse	j'aie haï
tu haïsses	tu aies haï
il/elle haïsse	il/elle ait haï
nous haïssions	nous ayons haï
vous haïssiez	vous ayez haï
ils/elles haïssent	ils/elles aient haï

subjonctif imparfait	subjonctif plus-que-parfait
je haïsse	j'eusse haï
tu haïsses	tu eusses haï
il/elle haït	il/elle eût haï
nous haïssions	nous eussions haï
vous haïssiez	vous eussiez haï
ils/elles haïssent	ils/elles eussent haï

impératif présent	impératif passé
hais	aie haï
haïssons	ayons haï
haïssez	ayez haï

infinitif présent	infinitif passé
haïr	avoir haïr

participe présent	participe passé
haïssant	haï

gérondif présent	gérondif passé
en haïssant	en ayant haï

© Bien! Verbtabellen

3. Gruppe

22   aller

présent	passé composé
je vais	je suis allé(e)
tu vas	tu es allé(e)
il/elle va	il/elle est allé/allée
nous allons	nous sommes allé(e)s
vous allez	vous êtes allé(e)s
ils/elles vont	ils/elles sont allés/allées

imparfait	plus-que-parfait
j'allais	j'étais allé(e)
tu allais	tu étais allé(e)
il/elle allait	il/elle était allé/allée
nous allions	nous étions allé(es
vous alliez	vous étiez allé(e)s
ils/elles allaient	ils/elles étaient allés/allées

passé simple	passé antérieur
j'allai	je fus allé(e)
tu allas	tu fus allé(e)
il/elle alla	il/elle fut allé/allée
nous allâmes	nous fûmes allé(e)s
vous allâtes	vous fûtes allé(e)s
ils/elles allèrent	ils/elles furent allés/allées

futur simple	futur antérieur
j'irai	je serai allé(e)
tu iras	tu seras allé(e)
il/elle ira	il/elle sera allé/allée
nous irons	nous serons allé(e)s
vous irez	vous serez allé(e)s
ils/elles iront	ils/elles seront allés/allées

© Bien! Verbtabellen

conditionnel présent	conditionnel passé
j'irais	je serais allé(e)
tu irais	tu serais allé(e)
il/elle irait	il/elle serait allé/allée
nous irions	nous serions allé(e)s
vous iriez	vous seriez allé(e)s
ils/elles iraient	ils/elles seraient allés/allées

subjonctif présent	subjonctif passé
j'aille	je sois allé(e)
tu ailles	tu sois allé(e)
il/elle aille	il/elle soit allé/allée
nous allions	nous soyons allé(e)s
vous alliez	vous soyez allé(e)s
ils/elles aillent	ils/elles soient allés/allées

subjonctif imparfait	subjonctif plus-que-parfait
j'allasse	je fusse allé(e)
tu allasses	tu fusses allé(e)
il/elle allât	il/elle fût allé/allée
nous allassions	nous fussions allé(e)s
vous allassiez	vous fussiez allé(e)s
ils/elles allassent	ils/elles fussent allés/allées

impératif présent	impératif passé
va	sois allé
allons	soyons allés
allez	soyez allés

infinitif présent	infinitif passé
aller	être allé

participe présent	participe passé
allant	allé

gérondif présent	gérondif passé
en allant	en étant allé

© Bien! Verbtabellen

23 tenir

présent	passé composé
je tiens	j'ai tenu
tu tiens	tu as tenu
il/elle tient	il/elle a tenu
nous tenons	nous avons tenu
vous tenez	vous avez tenu
ils/elles tiennent	ils/elles ont tenu

imparfait	plus-que-parfait
je tenais	j'avais tenu
tu tenais	tu avais tenu
il/elle tenait	il/elle avait tenu
nous tenions	nous avions tenu
vous teniez	vous aviez tenu
ils/elles tenaient	ils/elles avaient tenu

passé simple	passé antérieur
je tins	j'ai tenu
tu tins	tu as tenu
il/elle tint	il/elle a tenu
nous tînmes	nous avons tenu
vous tîntes	vous avez tenu
ils/elles tinrent	ils/elles ont tenu

futur simple	futur antérieur
je tiendrai	j'aurai tenu
tu tiendras	tu auras tenu
il/elle tiendra	il/elle aura tenu
nous tiendrons	nous aurons tenu
vous tiendrez	vous aurez tenu
ils/elles tiendront	ils/elles auront tenu

© Bien! Verbtabellen

conditionnel présent	conditionnel passé
je tiendrais	j'aurais tenu
tu tiendrais	tu aurais tenu
il/elle tiendrait	il/elle aurait tenu
nous tiendrions	nous aurions tenu
vous tiendriez	vous auriez tenu
ils/elles tiendraient	ils/elles auraient tenu

subjonctif présent	subjonctif passé
je tienne	j'aie tenu
tu tiennes	tu aies tenu
il/elle tienne	il/elle ait tenu
nous tenions	nous ayons tenu
vous teniez	vous ayez tenu
ils/elles tiennent	ils/elles aient tenu

subjonctif imparfait	subjonctif plus-que-parfait
je tinsse	j'eusse tenu
tu tinsses	tu eusses tenu
il/elle tînt	il/elle eût tenu
nous tinssions	nous eussions tenu
vous tinssiez	vous eussiez tenu
ils/elles tinssent	ils/elles eussent tenu

impératif présent	impératif passé
tiens	aie tenu
tenons	ayons tenu
tenez	ayez tenu

infinitif présent	infinitif passé
tenir	avoir tenu

participe présent	participe passé
tenant	tenu

gérondif présent	gérondif passé
en tenant	en ayant tenu

24 acquérir

présent	passé composé
j'acquiers	j'ai acquis
tu acquiers	tu as acquis
il/elle acquiert	il/elle a acquis
nous acquérons	nous avons acquis
vous acquérez	vous avez acquis
ils/elles acquièrent	ils/elles ont acquis

imparfait	plus-que-parfait
j'acquérais	j'avais acquis
tu acquérais	tu avais acquis
il/elle acquérait	il/elle avait acquis
nous acquérions	nous avions acquis
vous acquériez	vous aviez acquis
ils/elles acquéraient	ils/elles avaient acquis

passé simple	passé antérieur
j'acquis	j'eus acquis
tu acquis	tu eus acquis
il/elle acquit	il/elle eut acquis
nous acquîmes	nous eûmes acquis
vous acquîtes	vous eûtes acquis
ils/elles acquirent	ils/elles eurent acquis

futur simple	futur antérieur
j'acquerrai	j'aurai acquis
tu acquerras	tu auras acquis
il/elle acquerra	il/elle aura acquis
nous acquerrons	nous aurons acquis
vous acquerrez	vous aurez acquis
ils/elles acquerront	ils/elles auront acquis

© Bien! Verbtabellen

conditionnel présent	conditionnel passé
j'acquerrais	j'aurais acquis
tu acquerrais	tu aurais acquis
il/elle acquerrait	il/elle aurait acquis
nous acquerrions	nous aurions acquis
vous acquerriez	vous auriez acquis
ils/elles acquerraient	ils/elles auraient acquis

subjonctif présent	subjonctif passé
j'acquière	j'aie acquis
tu acquières	tu aies acquis
il/elle acquière	il/elle ait acquis
nous acquérions	nous ayons acquis
vous acquériez	vous ayez acquis
ils/elles acquièrent	ils/elles aient acquis

subjonctif imparfait	subjonctif plus-que-parfait
j'acquisse	j'eusse acquis
tu acquisses	tu eusses acquis
il/elle acquît	il/elle eût acquis
nous acquissions	nous eussions acquis
vous acquissiez	vous eussiez acquis
ils/elles acquissent	ils/elles eussent acquis

impératif présent	impératif passé
acquiers	aie acquis
acquérons	ayons acquis
acquérez	ayez acquis

infinitif présent	infinitif passé
acquérir	avoir acquis

participe présent	participe passé
acquérant	acquis

gérondif présent	gérondif passé
en acquérant	en ayant acquis

25 sentir

présent	passé composé
je sens	j'ai senti
tu sens	tu as senti
il/elle sent	il/elle a senti
nous sentons	nous avons senti
vous sentez	vous avez senti
ils/elles sentent	ils/elles ont senti

imparfait	plus-que-parfait
je sentais	j'avais senti
tu sentais	tu avais senti
il/elle sentait	il/elle avait senti
nous sentions	nous avions senti
vous sentiez	vous aviez senti
ils/elles sentaient	ils/elles avaient senti

passé simple	passé antérieur
je sentis	j'eus senti
tu sentis	tu eus senti
il/elle sentit	il/elle eut senti
nous sentîmes	nous eûmes senti
vous sentîtes	vous eûtes senti
ils/elles sentirent	ils/elles eurent senti

futur simple	futur antérieur
je sentirai	j'aurai senti
tu sentiras	tu auras senti
il/elle sentira	il/elle aura senti
nous sentirons	nous aurons senti
vous sentirez	vous aurez senti
ils/elles sentiront	ils/elles auront senti

conditionnel présent	conditionnel passé
je sentirais	j'aurais senti
tu sentirais	tu aurais senti
il/elle sentirait	il/elle aurait senti
nous sentirions	nous aurions senti
vous sentiriez	vous auriez senti
ils/elles sentiraient	ils/elles auraient senti

subjonctif présent	subjonctif passé
je sente	j'aie senti
tu sentes	tu aies senti
il/elle sente	il/elle ait senti
nous sentions	nous ayons senti
vous sentiez	vous ayez senti
ils/elles sentent	ils/elles aient senti

subjonctif imparfait	subjonctif plus-que-parfait
je sentisse	j'eusse senti
tu sentisses	tu eusses senti
il/elle sentît	il/elle eût senti
nous sentissions	nous eussions senti
vous sentissiez	vous eussiez senti
ils/elles sentissent	ils/elles eussent senti

impératif présent	impératif passé
sens	aie senti
sentons	ayons senti
sentez	ayez senti

infinitif présent	infinitif passé
sentir	avoir senti

participe présent	participe passé
sentant	senti

gérondif présent	gérondif passé
en sentant	en ayant senti

26 vêtir

présent	passé composé
je vêts	j'ai vêtu
tu vêts	tu as vêtu
il/elle vêt	il/elle a vêtu
nous vêtons	nous avons vêtu
vous vêtez	vous avez vêtu
ils/elles vêtent	ils/elles ont vêtu

imparfait	plus-que-parfait
je vêtais	j'avais vêtu
tu vêtais	tu avais vêtu
il/elle vêtait	il/elle avait vêtu
nous vêtions	nous avions vêtu
vous vêtiez	vous aviez vêtu
ils/elles vêtaient	ils/elles avaient vêtu

passé simple	passé antérieur
je vêtis	j'eus vêtu
tu vêtis	tu eus vêtu
il/elle vêtit	il/elle eut vêtu
nous vêtîmes	nous eûmes vêtu
vous vêtîtes	vous eûtes vêtu
ils/elles vêtirent	ils/elles eurent vêtu

futur simple	futur antérieur
je vêtirai	j'aurai vêtu
tu vêtiras	tu auras vêtu
il/elle vêtira	il/elle aura vêtu
nous vêtirons	nous aurons vêtu
vous vêtirez	vous aurez vêtu
ils/elles vêtiront	ils/elles auront vêtu

conditionnel présent	conditionnel passé
je vêtirais	j'aurais vêtu
tu vêtirais	tu aurais vêtu
il/elle vêtirait	il/elle aurait vêtu
nous vêtirions	nous aurions vêtu
vous vêtiriez	vous auriez vêtu
ils/elles vêtiraient	ils/elles auraient vêtu

subjonctif présent	subjonctif passé
je vête	j'aie vêtu
tu vêtes	tu aies vêtu
il/elle vête	il/elle ait vêtu
nous vêtions	nous ayons vêtu
vous vêtiez	vous ayez vêtu
ils/elles vêtent	ils/elles aient vêtu

subjonctif imparfait	subjonctif plus-que-parfait
je vêtisse	j'eusse vêtu
tu vêtisses	tu eusses vêtu
il/elle vêtît	il/elle eût vêtu
nous vêtissions	nous eussions vêtu
vous vêtissiez	vous eussiez vêtu
ils/elles vêtissent	ils/elles eussent vêtu

impératif présent	impératif passé
vêts	aie vêtu
vêtons	ayons vêtu
vêtez	ayez vêtu

infinitif présent	infinitif passé
vêtir	avoir vêtu

participe présent	participe passé
vêtant	vêtu

gérondif présent	gérondif passé
en vêtant	en ayant vêtu

27 couvrir

présent	passé composé
je couvre	j'ai couvert
tu couvres	tu as couvert
il/elle couvre	il/elle a couvert
nous couvrons	nous avons couvert
vous couvrez	vous avez couvert
ils/elles couvrent	ils/elles ont couvert

imparfait	plus-que-parfait
je couvrais	j'avais couvert
tu couvrais	tu avais couvert
il/elle couvrait	il/elle avait couvert
nous couvrions	nous avions couvert
vous couvriez	vous aviez couvert
ils/elles couvraient	ils/elles avaient couvert

passé simple	passé antérieur
je couvris	j'eus couvert
tu couvris	tu eus couvert
il/elle couvrit	il/elle eut couvert
nous couvrîmes	nous eûmes couvert
vous couvrîtes	vous eûtes couvert
ils/elles couvrirent	ils/elles eurent couvert

futur simple	futur antérieur
je couvrirai	j'aurai couvert
tu couvriras	tu auras couvert
il/elle couvrira	il/elle aura couvert
nous couvrirons	nous aurons couvert
vous couvrirez	vous aurez couvert
ils/elles couvriront	ils/elles auront couvert

© Bien! Verbtabellen

conditionnel présent	conditionnel passé
je couvrirais	j'aurais couvert
tu couvrirais	tu aurais couvert
il/elle couvrirait	il/elle aurait couvert
nous couvririons	nous aurions couvert
vous couvririez	vous auriez couvert
ils/elles couvriraient	ils/elles auraient couvert

subjonctif présent	subjonctif passé
je couvre	j'aie couvert
tu couvres	tu aies couvert
il/elle couvre	il/elle ait couvert
nous couvrions	nous ayons couvert
vous couvriez	vous ayez couvert
ils/elles couvrent	ils/elles aient couvert

subjonctif imparfait	subjonctif plus-que-parfait
je couvrisse	j'eusse couvert
tu couvrisses	tu eusses couvert
il/elle couvrît	il/elle eût couvert
nous couvrissions	nous eussions couvert
vous couvrissiez	vous eussiez couvert
ils/elles couvrissent	ils/elles eussent couvert

impératif présent	impératif passé
couvre	aie couvert
couvrons	ayons couvert
couvrez	ayez couvert

infinitif présent	infinitif passé
couvrir	avoir couvert

participe présent	participe passé
couvrant	couvert

gérondif présent	gérondif passé
en couvrant	en ayant couvert

28 cueillir

présent	passé composé
je cueille	j'ai cueilli
tu cueilles	tu as cueilli
il/elle cueille	il/elle a cueilli
nous cueillons	nous avons cueilli
vous cueillez	vous avez cueilli
ils/elles cueillent	ils/elles ont cueilli

imparfait	plus-que-parfait
je cueillais	j'avais cueilli
tu cueillais	tu avais cueilli
il/elle cueillait	il/elle avait cueilli
nous cueillions	nous avions cueilli
vous cueilliez	vous aviez cueilli
ils/elles cueillaient	ils/elles avaient cueilli

passé simple	passé antérieur
je cueillis	j'eus cueilli
tu cueillis	tu eus cueilli
il/elle cueillit	il/elle eut cueilli
nous cueillîmes	nous eûmes cueilli
vous cueillîtes	vous eûtes cueilli
ils/elles cueillirent	ils/elles eurent cueilli

futur simple	futur antérieur
je cueillerai	j'aurai cueilli
tu cueilleras	tu auras cueilli
il/elle cueillera	il/elle aura cueilli
nous cueillerons	nous aurons cueilli
vous cueillerez	vous aurez cueilli
ils/elles cueilleront	ils/elles auront cueilli

© Bien! Verbtabellen

conditionnel présent	conditionnel passé
je cueillerais	j'aurais cueilli
tu cueillerais	tu aurais cueilli
il/elle cueillerait	il/elle aurait cueilli
nous cueillerions	nous aurions cueilli
vous cueilleriez	vous auriez cueilli
ils/elles cueilleraient	ils/elles auraient cueilli

subjonctif présent	subjonctif passé
je cueille	j'aie cueilli
tu cueilles	tu aies cueilli
il/elle cueille	il/elle ait cueilli
nous cueillions	nous ayons cueilli
vous cueilliez	vous ayez cueilli
ils/elles cueillent	ils/elles aient cueilli

subjonctif imparfait	subjonctif plus-que-parfait
je cueillisse	j'eusse cueilli
tu cueillisses	tu eusses cueilli
il/elle cueillît	il/elle eût cueilli
nous cueillissions	nous eussions cueilli
vous cueillissiez	vous eussiez cueilli
ils/elles cueillissent	ils/elles eussent cueilli

impératif présent	impératif passé
cueille	aie cueilli
cueillons	ayons cueilli
cueillez	ayez cueilli

infinitif présent	infinitif passé
cueillir	avoir cueilli

participe présent	participe passé
cueillant	cueilli

gérondif présent	gérondif passé
en cueillant	en ayant cueilli

29 assaillir

présent	passé composé
j'assaille	j'ai assailli
tu assailles	tu as assailli
il/elle assaille	il/elle a assailli
nous assaillons	nous avons assailli
vous assaillez	vous avez assailli
ils/elles assaillent	ils/elles ont assailli

imparfait	plus-que-parfait
j'assaillais	j'avais assailli
tu assaillais	tu avais assailli
il/elle assaillait	il/elle avait assailli
nous assaillions	nous avions assailli
vous assailliez	vous aviez assailli
ils/elles assaillaient	ils/elles avaient assailli

passé simple	passé antérieur
j'assaillis	j'eus assailli
tu assaillis	tu eus assailli
il/elle assaillit	il/elle eut assailli
nous assaillîmes	nous eûmes assailli
vous assaillîtes	vous eûtes assailli
ils/elles assaillirent	ils/elles eurent assailli

futur simple	futur antérieur
j'assaillirai	j'aurai assailli
tu assailliras	tu auras assailli
il/elle assaillira	il/elle aura assailli
nous assaillirons	nous aurons assailli
vous assaillirez	vous aurez assailli
ils/elles assailliront	ils/elles auront assailli

conditionnel présent	conditionnel passé
j'assaillirais	j'aurais assailli
tu assaillirais	tu aurais assailli
il/elle assaillirait	il/elle aurait assailli
nous assaillirions	nous aurions assailli
vous assailliriez	vous auriez assailli
ils/elles assailliraient	ils/elles auraient assailli

subjonctif présent	subjonctif passé
j'assaille	j'aie assailli
tu assailles	tu aies assailli
il/elle assaille	il/elle ait assailli
nous assaillions	nous ayons assailli
vous assailliez	vous ayez assailli
ils/elles assaillent	ils/elles aient assailli

subjonctif imparfait	subjonctif plus-que-parfait
j'assaillisse	j'eusse assailli
tu assaillisses	tu eusses assailli
il/elle assaillît	il/elle eût assailli
nous assaillissions	nous eussions assailli
vous assaillissiez	vous eussiez assailli
ils/elles assaillissent	ils/elles eussent assailli

impératif présent	impératif passé
assaille	aie assailli
assaillons	ayons assailli
assaillez	ayez assailli

infinitif présent	infinitif passé
assaillir	avoir assailli

participe présent	participe passé
assaillant	assailli

gérondif présent	gérondif passé
en assaillant	en ayant assailli

© Bien! Verbtabellen

30 faillir

présent	passé composé
-	j'ai failli
-	tu as failli
-	il/elle a failli
-	nous avons failli
-	vous avez failli
-	ils/elles ont failli

imparfait	plus-que-parfait
-	j'avais failli
-	tu avais failli
-	il/elle avait failli
-	nous avions failli
-	vous aviez failli
-	ils/elles avaient failli

passé simple	passé antérieur
je faillis	j'eus failli
tu faillis	tu eus failli
il/elle faillit	il/elle eut failli
nous faillîmes	nous eûmes failli
vous faillîtes	vous eûtes failli
ils/elles faillirent	ils/elles eurent failli

futur simple	futur antérieur
je faillirai	j'aurai failli
tu failliras	tu auras failli
il/elle faillira	il/elle aura failli
nous faillirons	nous aurons failli
vous faillirez	vous aurez failli
ils/elles failliront	ils/elles auront failli

conditionnel présent	conditionnel passé
je faillirais	j'aurais failli
tu faillirais	tu aurais failli
il/elle faillirait	il/elle aurait failli
nous faillirions	nous aurions failli
vous failliriez	vous auriez failli
ils/elles failliraient	ils/elles auraient failli

subjonctif présent	subjonctif passé
-	j'aie failli
-	tu aies failli
-	il/elle ait failli
-	nous ayons failli
-	vous ayez failli
-	ils/elles aient failli

subjonctif imparfait	subjonctif plus-que-parfait
-	j'eusse failli
-	tu eusses failli
-	il/elle eût failli
-	nous eussions failli
-	vous eussiez failli
-	ils/elles eussent failli

impératif présent	impératif passé
-	-
-	-
-	-

infinitif présent	infinitif passé
faillir	avoir failli

participe présent	participe passé
-	failli

gérondif présent	gérondif passé

31 bouillir

présent	passé composé
je bous	'ai bouilli
tu bous	tu as bouilli
il/elle bout	il/elle a bouilli
nous bouillons	nous avons bouilli
vous bouillez	vous avez bouilli
ils/elles bouillent	ils/elles ont bouilli

imparfait	plus-que-parfait
je bouillais	j'avais bouilli
tu bouillais	tu avais bouilli
il/elle bouillait	il/elle avait bouilli
nous bouillions	nous avions bouilli
vous bouilliez	vous aviez bouilli
ils/elles bouillaient	ils/elles avaient bouilli

passé simple	passé antérieur
je bouillis	j'eus bouilli
tu bouillis	tu eus bouilli
il/elle bouillit	il/elle eut bouilli
nous bouillîmes	nous eûmes bouilli
vous bouillîtes	vous eûtes bouilli
ils/elles bouillirent	ils/elles eurent bouilli

futur simple	futur antérieur
je bouillirai	j'aurai bouilli
tu bouilliras	tu auras bouilli
il/elle bouillira	il/elle aura bouilli
nous bouillirons	nous aurons bouilli
vous bouillirez	vous aurez bouilli
ils/elles bouilliront	ils/elles auront bouilli

conditionnel présent	conditionnel passé
je bouillirais	j'aurais bouilli
tu bouillirais	tu aurais bouilli
il/elle bouillirait	il/elle aurait bouilli
nous bouillirions	nous aurions bouilli
vous bouilliriez	vous auriez bouilli
ils/elles bouilliraient	ils/elles auraient bouilli

subjonctif présent	subjonctif passé
je bouille	j'aie bouilli
tu bouilles	tu aies bouilli
il/elle bouille	il/elle ait bouilli
nous bouillions	nous ayons bouilli
vous bouilliez	vous ayez bouilli
ils/elles bouillent	ils/elles aient bouilli

subjonctif imparfait	subjonctif plus-que-parfait
je bouillisse	j'eusse bouilli
tu bouillisses	tu eusses bouilli
il/elle bouillît	il/elle eût bouilli
nous bouillissions	nous eussions bouilli
vous bouillissiez	vous eussiez bouilli
ils/elles bouillissent	ils/elles eussent bouilli

impératif présent	impératif passé
bous	aie bouilli
bouillons	ayons bouilli
bouillez	ayez bouilli

infinitif présent	infinitif passé
bouillir	avoir bouilli

participe présent	participe passé
bouillant	bouilli

gérondif présent	gérondif passé
en bouillant	en ayant bouilli

32 dormir

présent	passé composé
je dors	j'ai dormi
tu dors	tu as dormi
il/elle dort	il/elle a dormi
nous dormons	nous avons dormi
vous dormez	vous avez dormi
ils/elles dorment	ils/elles ont dormi

imparfait	plus-que-parfait
je dormais	j'avais dormi
tu dormais	tu avais dormi
il/elle dormait	il/elle avait dormi
nous dormions	nous avions dormi
vous dormiez	vous aviez dormi
ils/elles dormaient	ils/elles avaient dormi

passé simple	passé antérieur
je dormis	j'eus dormi
tu dormis	tu eus dormi
il/elle dormit	il/elle eut dormi
nous dormîmes	nous eûmes dormi
vous dormîtes	vous eûtes dormi
ils/elles dormirent	ils/elles eurent dormi

futur simple	futur antérieur
je dormirai	j'aurai dormi
tu dormiras	tu auras dormi
il/elle dormira	il/elle aura dormi
nous dormirons	nous aurons dormi
vous dormirez	vous aurez dormi
ils/elles dormiront	ils/elles auront dormi

conditionnel présent	conditionnel passé
je dormirais	j'aurais dormi
tu dormirais	tu aurais dormi
il/elle dormirait	il/elle aurait dormi
nous dormirions	nous aurions dormi
vous dormiriez	vous auriez dormi
ils/elles dormiraient	ils/elles auraient dormi

subjonctif présent	subjonctif passé
je dorme	j'aie dormi
tu dormes	tu aies dormi
il/elle dorme	il/elle ait dormi
nous dormions	nous ayons dormi
vous dormiez	vous ayez dormi
ils/elles dorment	ils/elles aient dormi

subjonctif imparfait	subjonctif plus-que-parfait
je dormisse	j'eusse dormi
tu dormisses	tu eusses dormi
il/elle dormît	il/elle eût dormi
nous dormissions	nous eussions dormi
vous dormissiez	vous eussiez dormi
ils/elles dormissent	ils/elles eussent dormi

impératif présent	impératif passé
dors	aie dormi
dormons	ayons dormi
dormez	ayez dormi

infinitif présent	infinitif passé
dormir	avoir dormi

participe présent	participe passé
dormant	dormi

gérondif présent	gérondif passé
en dormant	en ayant dormi

33 courir

présent	passé composé
je cours	j'ai couru
tu cours	tu as couru
il/elle court	il/elle a couru
nous courons	nous avons couru
vous courez	vous avez couru
ils/elles courent	ils/elles ont couru

imparfait	plus-que-parfait
je courais	j'avais couru
tu courais	tu avais couru
il/elle courait	il/elle avait couru
nous courions	nous avions couru
vous couriez	vous aviez couru
ils/elles couraient	ils/elles avaient couru

passé simple	passé antérieur
je courus	j'eus couru
tu courus	tu eus couru
il/elle courut	il/elle eut couru
nous courûmes	nous eûmes couru
vous courûtes	vous eûtes couru
ils/elles coururent	ils/elles eurent couru

futur simple	futur antérieur
je courrai	j'aurai couru
tu courras	tu auras couru
il/elle courra	il/elle aura couru
nous courrons	nous aurons couru
vous courrez	vous aurez couru
ils/elles courront	ils/elles auront couru

© Bien! Verbtabellen

conditionnel présent	conditionnel passé
je courrais	j'aurais couru
tu courrais	tu aurais couru
il/elle courrait	il/elle aurait couru
nous courrions	nous aurions couru
vous courriez	vous auriez couru
ils/elles courraient	ils/elles auraient couru

subjonctif présent	subjonctif passé
je coure	j'aie couru
tu coures	tu aies couru
il/elle coure	il/elle ait couru
nous courions	nous ayons couru
vous couriez	vous ayez couru
ils/elles courent	ils/elles aient couru

subjonctif imparfait	subjonctif plus-que-parfait
je courusse	j'eusse couru
tu courusses	tu eusses couru
il/elle courût	il/elle eût couru
nous courussions	nous eussions couru
vous courussiez	vous eussiez couru
ils/elles courussent	ils/elles eussent couru

impératif présent	impératif passé
cours	aie couru
courons	ayons couru
courez	ayez couru

infinitif présent	infinitif passé
courir	avoir couru

participe présent	participe passé
courant	couru

gérondif présent	gérondif passé
en courant	en ayant couru

34 mourir

présent	passé composé
je meurs	je suis mort(e)
tu meurs	tu es mort(e)
il/elle meurt	il/elle est mort/morte
nous mourons	nous sommes mort(e)s
vous mourez	vous êtes mort(e)s
ils/elles meurent	ils/elles sont morts/mortes

imparfait	plus-que-parfait
je mourais	j'étais mort(e)
tu mourais	tu étais mort(e)
il/elle mourait	il/elle était mort/morte
nous mourions	nous étions mort(e)s
vous mouriez	vous étiez mort(e)s
ils/elles mouraient	ils/elles étaient morts/mortes

passé simple	passé antérieur
je mourus	je fus mort(e)
tu mourus	tu fus mort(e)
il/elle mourut	il/elle fut mort/morte
nous mourûmes	nous fûmes mort(e)s
vous mourûtes	vous fûtes mort(e)s
ils/elles moururent	ils/elles furent morts/mortes

futur simple	futur antérieur
je mourrai	je serai mort(e)
tu mourras	tu seras mort(e)
il/elle mourra	il/elle sera mort/morte
nous mourrons	nous serons mort(e)s
vous mourrez	vous serez mort(e)s
ils/elles mourront	ils/elles seront morts/mortes

conditionnel présent	conditionnel passé
je mourrais	je serais mort(e)
tu mourrais	tu serais mort(e)
il/elle mourrait	il/elle serait mort/morte
nous mourrions	nous serions mort(e)s
vous mourriez	vous seriez mort(e)s
ils/elles mourraient	ils/elles seraient morts/mortes

subjonctif présent	subjonctif passé
je meure	je sois mort(e)
tu meures	tu sois mort(e)
il/elle meure	il/elle soit mort/morte
nous mourions	nous soyons mort(e)s
vous mouriez	vous soyez mort(e)s
ils/elles meurent	ils/elles soient morts/mortes

subjonctif imparfait	subjonctif plus-que-parfait
je mourusse	je fusse mort(e)
tu mourusses	tu fusses mort(e)
il/elle mourût	il/elle fût mort/morte
nous mourussions	nous fussions mort(e)s
vous mourussiez	vous fussiez mort(e)s
ils/elles mourussent	ils/elles fussent morts/mortes

impératif présent	impératif passé
meurs	sois mort
mourons	soyons mort
mourez	soyez mort

infinitif présent	infinitif passé
mourir	être mort

participe présent	participe passé
mourant	mort

gérondif présent	gérondif passé
en mourant	en étant mort

35 servir

présent	passé composé
je sers	j'ai servi
tu sers	tu as servi
il/elle sert	il/elle a servi
nous servons	nous avons servi
vous servez	vous avez servi
ils/elles servent	ils/elles ont servi

imparfait	plus-que-parfait
je servais	j'avais servi
tu servais	tu avais servi
il/elle servait	il/elle avait servi
nous servions	nous avions servi
vous serviez	vous aviez servi
ils/elles servaient	ils/elles avaient servi

passé simple	passé antérieur
je servis	j'eus servi
tu servis	tu eus servi
il/elle servit	il/elle eut servi
nous servîmes	nous eûmes servi
vous servîtes	vous eûtes servi
ils/elles servirent	ils/elles eurent servi

futur simple	futur antérieur
je servirai	j'aurai servi
tu serviras	tu auras servi
il/elle servira	il/elle aura servi
nous servirons	nous aurons servi
vous servirez	vous aurez servi
ils/elles serviront	ils/elles auront servi

© Bien! Verbtabellen

conditionnel présent	conditionnel passé
je servirais	j'aurais servi
tu servirais	tu aurais servi
il/elle servirait	il/elle aurait servi
nous servirions	nous aurions servi
vous serviriez	vous auriez servi
ils/elles serviraient	ils/elles auraient servi

subjonctif présent	subjonctif passé
je serve	j'aie servi
tu serves	tu aies servi
il/elle serve	il/elle ait servi
nous servions	nous ayons servi
vous serviez	vous ayez servi
ils/elles servent	ils/elles aient servi

subjonctif imparfait	subjonctif plus-que-parfait
je servisse	j'eusse servi
tu servisses	tu eusses servi
il/elle servît	il/elle eût servi
nous servissions	nous eussions servi
vous servissiez	vous eussiez servi
ils/elles servissent	ils/elles eussent servi

impératif présent	impératif passé
sers	aie servi
servons	ayons servi
servez	ayez servi

infinitif présent	infinitif passé
servir	avoir servi

participe présent	participe passé
servant	servi

gérondif présent	gérondif passé
en servant	en ayant servi

36 fuir

présent	passé composé
je fuis	j'ai fui
tu fuis	tu as fui
il/elle fuit	il/elle a fui
nous fuyons	nous avons fui
vous fuyez	vous avez fui
ils/elles fuient	ils/elles ont fui

imparfait	plus-que-parfait
je fuyais	j'avais fui
tu fuyais	tu avais fui
il/elle fuyait	il/elle avait fui
nous fuyions	nous avions fui
vous fuyiez	vous aviez fui
ils/elles fuyaient	ils/elles avaient fui

passé simple	passé antérieur
je fuis	j'eus fui
tu fuis	tu eus fui
il/elle fuit	il/elle eut fui
nous fuîmes	nous eûmes fui
vous fuîtes	vous eûtes fui
ils/elles fuirent	ils/elles eurent fui

futur simple	futur antérieur
je fuirai	j'aurai fui
tu fuiras	tu auras fui
il/elle fuira	il/elle aura fui
nous fuirons	nous aurons fui
vous fuirez	vous aurez fui
ils/elles fuiront	ils/elles auront fui

conditionnel présent	conditionnel passé
je fuirais	j'aurais fui
tu fuirais	tu aurais fui
il/elle fuirait	il/elle aurait fui
nous fuirions	nous aurions fui
vous fuiriez	vous auriez fui
ils/elles fuiraient	ils/elles auraient fui

subjonctif présent	subjonctif passé
je fuie	j'aie fui
tu fuies	tu aies fui
il/elle fuie	il/elle ait fui
nous fuyions	nous ayons fui
vous fuyiez	vous ayez fui
ils/elles fuient	ils/elles aient fui

subjonctif imparfait	subjonctif plus-que-parfait
je fuisse	j'eusse fui
tu fuisses	tu eusses fui
il/elle fuît	il/elle eût fui
nous fuissions	nous eussions fui
vous fuissiez	vous eussiez fui
ils/elles fuissent	ils/elles eussent fui

impératif présent	impératif passé
fuis	aie fui
fuyons	ayons fui
fuyez	ayez fui

infinitif présent	infinitif passé
fuir	avoir fui

participe présent	participe passé
fuyant	fui

gérondif présent	gérondif passé
en fuyant	en ayant fui

37 ouïr

présent	passé composé
j'ois	j'ai ouï
tu ois	tu as ouï
il/elle oit	il/elle a ouï
nous oyons	nous avons ouï
vous oyez	vous avez ouï
ils/elles oient	ils/elles ont ouï

imparfait	plus-que-parfait
j'oyais	j'avais ouï
tu oyais	tu avais ouï
il/elle oyait	il/elle avait ouï
nous oyions	nous avions ouï
vous oyiez	vous aviez ouï
ils/elles oyaient	ils/elles avaient ouï

passé simple	passé antérieur
j'ouïs	j'eus ouï
tu ouïs	tu eus ouï
il/elle ouït	il/elle eut ouï
nous ouïmes	nous eûmes ouï
vous ouïtes	vous eûtes ouï
ils/elles ouïrent	ils/elles eurent ouï

futur simple	futur antérieur
j'ouïrai/orrai	j'aurai ouï
tu ouïras/orras	tu auras ouï
il/elle ouïra/ouïrra	il/elle aura ouï
nous ouïrons/orrons	nous aurons ouï
vous ouïrez/orrez	vous aurez ouï
ils/elles ouïront/orront	ils/elles auront ouï

conditionnel présent	conditionnel passé
j'ouïrais/orrais	j'aurais ouï
tu ouïrais/orrais	tu aurais ouï
il/elle ouïrait/orrait	il/elle aurait ouï
nous ouïrions/orrions	nous aurions ouï
vous ouïriez/orriez	vous auriez ouï
ils/elles ouïraient/orraient	ils/elles auraient ouï

subjonctif présent	subjonctif passé
j'oie	j'aie ouï
tu oies	tu aies ouï
il/elle oie	il/elle ait ouï
nous oyions	nous ayons ouï
vous oyiez	vous ayez ouï
ils/elles oient	ils/elles aient ouï

subjonctif imparfait	subjonctif plus-que-parfait
j'ouïsse	j'eusse ouï
tu ouïsses	tu eusses ouï
il/elle ouït	il/elle eût ouï
nous ouïssions	nous eussions ouï
vous ouïssiez	vous eussiez ouï
ils/elles ouïssent	ils/elles eussent ouï

impératif présent	impératif passé
ois	aie ouï
oyons	ayons ouï
oyez	ayez ouï

infinitif présent	infinitif passé
ouïr	avoir ouï

participe présent	participe passé
oyant	ouï

gérondif présent	gérondif passé
en oyant	en ayant ouï

© Bien! Verbtabellen

38 gésir

présent	passé composé
je gis	-
tu gis	-
il/elle gît	-
nous gisons	-
vous gisez	-
ils/elles gisent	-

imparfait	plus-que-parfait
je gisais	-
tu gisais	-
il/elle gisait	-
nous gisions	-
vous gisiez	-
ils/elles gisaient	-

passé simple	passé antérieur
-	-
-	-
-	-
-	-
-	-
-	-

futur simple	futur antérieur
-	-
-	-
-	-
-	-
-	-
-	-

© Bien! Verbtabellen

conditionnel présent	conditionnel passé
-	-
-	-
-	-
-	-
-	-
-	-

subjonctif présent	subjonctif passé
-	-
-	-
-	-
-	-
-	-
-	-

subjonctif imparfait	subjonctif plus-que-parfait
-	-
-	-
-	-
-	-
-	-
-	-

impératif présent	impératif passé
-	-
-	-
-	-

infinitif présent	infinitif passé
gésir	-

participe présent	participe passé
gisant	-

gérondif présent	gérondif passé
en gisant	-

39 recevoir

présent	passé composé
je reçois	j'ai reçu
tu reçois	tu as reçu
il/elle reçoit	il/elle a reçu
nous recevons	nous avons reçu
vous recevez	vous avez reçu
ils/elles reçoivent	ils/elles ont reçu

imparfait	plus-que-parfait
je recevais	j'avais reçu
tu recevais	tu avais reçu
il/elle recevait	il/elle avait reçu
nous recevions	nous avions reçu
vous receviez	vous aviez reçu
ils/elles recevaient	ils/elles avaient reçu

passé simple	passé antérieur
je reçus	j'eus reçu
tu reçus	tu eus reçu
il/elle reçut	il/elle eut reçu
nous reçûmes	nous eûmes reçu
vous reçûtes	vous eûtes reçu
ils/elles reçurent	ils/elles eurent reçu

futur simple	futur antérieur
je recevrai	j'aurai reçu
tu recevras	tu auras reçu
il/elle recevra	il/elle aura reçu
nous recevrons	nous aurons reçu
vous recevrez	vous aurez reçu
ils/elles recevront	ils/elles auront reçu

conditionnel présent	conditionnel passé
je recevrais	j'aurais reçu
tu recevrais	tu aurais reçu
il/elle recevrait	il/elle aurait reçu
nous recevrions	nous aurions reçu
vous recevriez	vous auriez reçu
ils/elles recevraient	ils/elles auraient reçu

subjonctif présent	subjonctif passé
je reçoive	j'aie reçu
tu reçoives	tu aies reçu
il/elle reçoive	il/elle ait reçu
nous recevions	nous ayons reçu
vous receviez	vous ayez reçu
ils/elles reçoivent	ils/elles aient reçu

subjonctif imparfait	subjonctif plus-que-parfait
je reçusse	j'eusse reçu
tu reçusses	tu eusses reçu
il/elle reçût	il/elle eût reçu
nous reçussions	nous eussions reçu
vous reçussiez	vous eussiez reçu
ils/elles reçussent	ils/elles eussent reçu

impératif présent	impératif passé
reçois	aie reçu
recevons	ayons reçu
recevez	ayez reçu

infinitif présent	infinitif passé
recevoir	avoir reçu

participe présent	participe passé
recevant	reçu

gérondif présent	gérondif passé
en recevant	en ayant reçu

40 voir

présent	passé composé
je vois	j'ai vu
tu vois	tu as vu
il/elle voit	il/elle a vu
nous voyons	nous avons vu
vous voyez	vous avez vu
ils/elles voient	ils/elles ont vu

imparfait	plus-que-parfait
je voyais	j'avais vu
tu voyais	tu avais vu
il/elle voyait	il/elle avait vu
nous voyions	nous avions vu
vous voyiez	vous aviez vu
ils/elles voyaient	ils/elles avaient vu

passé simple	passé antérieur
je vis	j'eus vu
tu vis	tu eus vu
il/elle vit	il/elle eut vu
nous vîmes	nous eûmes vu
vous vîtes	vous eûtes vu
ils/elles virent	ils/elles eurent vu

futur simple	futur antérieur
je verrai	j'aurai vu
tu verras	tu auras vu
il/elle verra	il/elle aura vu
nous verrons	nous aurons vu
vous verrez	vous aurez vu
ils/elles verront	ils/elles auront vu

conditionnel présent	conditionnel passé
je verrais	j'aurais vu
tu verrais	tu aurais vu
il/elle verrait	il/elle aurait vu
nous verrions	nous aurions vu
vous verriez	vous auriez vu
ils/elles verraient	ils/elles auraient vu

subjonctif présent	subjonctif passé
je voie	j'aie vu
tu voies	tu aies vu
il/elle voie	il/elle ait vu
nous voyions	nous ayons vu
vous voyiez	vous ayez vu
ils/elles voient	ils/elles aient vu

subjonctif imparfait	subjonctif plus-que-parfait
je visse	j'eusse vu
tu visses	tu eusses vu
il/elle vît	il/elle eût vu
nous vissions	nous eussions vu
vous vissiez	vous eussiez vu
ils/elles vissent	ils/elles eussent vu

impératif présent	impératif passé
vois	aie vu
voyons	ayons vu
voyez	ayez vu

infinitif présent	infinitif passé
voir	avoir vu

participe présent	participe passé
voyant	vu

gérondif présent	gérondif passé
en voyant	en ayant vu

41 pourvoir

présent	passé composé
je pourvois	j'ai pourvu
tu pourvois	tu as pourvu
il/elle pourvoit	il/elle a pourvu
nous pourvoyons	nous avons pourvu
vous pourvoyez	vous avez pourvu
ils/elles pourvoient	ils/elles ont pourvu

imparfait	plus-que-parfait
je pourvoyais	j'avais pourvu
tu pourvoyais	tu avais pourvu
il/elle pourvoyait	il/elle avait pourvu
nous pourvoyions	nous avions pourvu
vous pourvoyiez	vous aviez pourvu
ils/elles pourvoyaient	ils/elles avaient pourvu

passé simple	passé antérieur
je pourvus	j'eus pourvu
tu pourvus	tu eus pourvu
il/elle pourvut	il/elle eut pourvu
nous pourvûmes	nous eûmes pourvu
vous pourvûtes	vous eûtes pourvu
ils/elles pourvurent	ils/elles eurent pourvu

futur simple	futur antérieur
je pourvoirai	j'aurai pourvu
tu pourvoiras	tu auras pourvu
il/elle pourvoira	il/elle aura pourvu
nous pourvoirons	nous aurons pourvu
vous pourvoirez	vous aurez pourvu
ils/elles pourvoiront	ils/elles auront pourvu

conditionnel présent	conditionnel passé
je pourvoirais	j'aurais pourvu
tu pourvoirais	tu aurais pourvu
il/elle pourvoirait	il/elle aurait pourvu
nous pourvoirions	nous aurions pourvu
vous pourvoiriez	vous auriez pourvu
ils/elles pourvoiraient	ils/elles auraient pourvu

subjonctif présent	subjonctif passé
je pourvoie	j'aie pourvu
tu pourvoies	tu aies pourvu
il/elle pourvoie	il/elle ait pourvu
nous pourvoyions	nous ayons pourvu
vous pourvoyiez	vous ayez pourvu
ils/elles pourvoient	ils/elles aient pourvu

subjonctif imparfait	subjonctif plus-que-parfait
je pourvusse	j'eusse pourvu
tu pourvusses	tu eusses pourvu
il/elle pourvût	il/elle eût pourvu
nous pourvussions	nous eussions pourvu
vous pourvussiez	vous eussiez pourvu
ils/elles pourvussent	ils/elles eussent pourvu

impératif présent	impératif passé
pourvois	aie pourvu
pourvoyons	ayons pourvu
pourvoyez	ayez pourvu

infinitif présent	infinitif passé
pourvoir	avoir pourvu

participe présent	participe passé
pourvoyant	pourvu

gérondif présent	gérondif passé
en pourvoyant	en ayant pourvu

42 mouvoir

présent	passé composé
je meus	j'ai mû
tu meus	tu as mû
il/elle meut	il/elle a mû
nous mouvons	nous avons mû
vous mouvez	vous avez mû
ils/elles meuvent	ils/elles ont mû

imparfait	plus-que-parfait
je mouvais	j'avais mû
tu mouvais	tu avais mû
il/elle mouvait	il/elle avait mû
nous mouvions	nous avions mû
vous mouviez	vous aviez mû
ils/elles mouvaient	ils/elles avaient mû

passé simple	passé antérieur
je mus	j'eus mû
tu mus	tu eus mû
il/elle mut	il/elle eut mû
nous mûmes	nous eûmes mû
vous mûtes	vous eûtes mû
ils/elles murent	ils/elles eurent mû

futur simple	futur antérieur
je mouvrai	j'aurai mû
tu mouvras	tu auras mû
il/elle mouvra	il/elle aura mû
nous mouvrons	nous aurons mû
vous mouvrez	vous aurez mû
ils/elles mouvront	ils/elles auront mû

© Bien! Verbtabellen

conditionnel présent	conditionnel passé
je mouvrais	j'aurais mû
tu mouvrais	tu aurais mû
il/elle mouvrait	il/elle aurait mû
nous mouvrions	nous aurions mû
vous mouvriez	vous auriez mû
ils/elles mouvraient	ils/elles auraient mû

subjonctif présent	subjonctif passé
je meuve	j'aie mû
tu meuves	tu aies mû
il/elle meuve	il/elle ait mû
nous mouvions	nous ayons mû
vous mouviez	vous ayez mû
ils/elles meuvent	ils/elles aient mû

subjonctif imparfait	subjonctif plus-que-parfait
je musse	j'eusse mû
tu musses	tu eusses mû
il/elle mût	il/elle eût mû
nous mussions	nous eussions mû
vous mussiez	vous eussiez mû
ils/elles mussent	ils/elles eussent mû

impératif présent	impératif passé
meus	aie mû
mouvons	ayons mû
mouvez	ayez mû

infinitif présent	infinitif passé
mouvoir	avoir mû

participe présent	participe passé
mouvant	mû

gérondif présent	gérondif passé
en mouvant	en ayant mû

43 pleuvoir

présent	passé composé
-	-
-	-
il pleut	il a plu
-	-
-	-
-	-

imparfait	plus-que-parfait
-	-
-	-
il pleuvait	il avait plu
-	-
-	-
-	-

passé simple	passé antérieur
-	-
-	-
il plut	il eut plu
-	-
-	-
-	-

futur simple	futur antérieur
-	-
-	-
il pleuvra	il aura plu
-	-
-	-
-	-

conditionnel présent	conditionnel passé
-	-
-	-
il pleuvrait	il aurait plu
-	-
-	-
-	-

subjonctif présent	subjonctif passé
-	-
-	-
il pleuve	il ait plu
-	-
-	-
-	-

subjonctif imparfait	subjonctif plus-que-parfait
-	-
-	-
il plût	il eût plu
-	-
-	-
-	-

impératif présent	impératif passé
-	-
-	-
-	-

infinitif présent	infinitif passé
pleuvoir	avoir plu

participe présent	participe passé
pleuvant	plu

gérondif présent	gérondif passé
en pleuvant	en ayant plu

44 falloir

présent	passé composé
-	-
-	-
il faut	il a fallu
-	-
-	-
-	-

imparfait	plus-que-parfait
-	-
-	-
il fallait	il avait fallu
-	-
-	-
-	-

passé simple	passé antérieur
-	-
-	-
il fallut	il eut fallu
-	-
-	-
-	-

futur simple	futur antérieur
-	-
-	-
il faudra	il aura fallu
-	-
-	-
-	-

conditionnel présent	conditionnel passé
-	-
-	-
il faudrait	il aurait fallu
-	-
-	-
-	-

subjonctif présent	subjonctif passé
-	-
-	-
il faille	il ait fallu
-	-
-	-
-	-

subjonctif imparfait	subjonctif plus-que-parfait
-	-
-	-
il fallût	il eût fallu
-	-
-	-
-	-

impératif présent	impératif passé
-	-
-	-
-	-

infinitif présent	infinitif passé
falloir	avoir fallu

participe présent	participe passé
-	fallu

gérondif présent	gérondif passé
-	en eyant fallu

45 valoir

présent	passé composé
je vaux	j'ai valu
tu vaux	tu as valu
il/elle vaut	il/elle a valu
nous valons	nous avons valu
vous valez	vous avez valu
ils/elles valent	ils/elles ont valu

imparfait	plus-que-parfait
je valais	j'avais valu
tu valais	tu avais valu
il/elle valait	il/elle avait valu
nous valions	nous avions valu
vous valiez	vous aviez valu
ils/elles valaient	ils/elles avaient valu

passé simple	passé antérieur
je valus	j'eus valu
tu valus	tu eus valu
il/elle valut	il/elle eut valu
nous valûmes	nous eûmes valu
vous valûtes	vous eûtes valu
ils/elles valurent	ils/elles eurent valu

futur simple	futur antérieur
je vaudrai	j'eus valu
tu vaudras	tu eus valu
il/elle vaudra	il/elle eut valu
nous vaudrons	nous eûmes valu
vous vaudrez	vous eûtes valu
ils/elles vaudront	ils/elles eurent valu

conditionnel présent	conditionnel passé
je vaudrais	j'aurais valu
tu vaudrais	tu aurais valu
il/elle vaudrait	il/elle aurait valu
nous vaudrions	nous aurions valu
vous vaudriez	vous auriez valu
ils/elles vaudraient	ils/elles auraient valu

subjonctif présent	subjonctif passé
je vaille	j'aie valu
tu vailles	tu aies valu
il/elle vaille	il/elle ait valu
nous valions	nous ayons valu
vous valiez	vous ayez valu
ils/elles vaillent	ils/elles aient valu

subjonctif imparfait	subjonctif plus-que-parfait
je valusse	j'eusse valu
tu valusses	tu eusses valu
il/elle valût	il/elle eût valu
nous valussions	nous eussions valu
vous valussiez	vous eussiez valu
ils/elles valussent	ils/elles eussent valu

impératif présent	impératif passé
vaux	aie valu
valons	ayons valu
valez	ayez valu

infinitif présent	infinitif passé
valoir	avoir valu

participe présent	participe passé
valant	valu

gérondif présent	gérondif passé
en valant	en ayant valu

46 asseoir

Verbformen auf –ie und auf –ey

présent	passé composé
j'assieds	j'ai assis
tu assieds	tu as assis
il/elle assied	il/elle a assis
nous asseyons	nous avons assis
vous asseyez	vous avez assis
ils/elles asseyent	ils/elles ont assis

imparfait	plus-que-parfait
j'asseyais	j'avais assis
tu asseyais	tu avais assis
il/elle asseyait	il/elle avait assis
nous asseyions	nous avions assis
vous asseyiez	vous aviez assis
ils/elles asseyaient	ils/elles avaient assis

passé simple	passé antérieur
j'assis	j'eus assis
tu assis	tu eus assis
il/elle assit	il/elle eut assis
nous assîmes	nous eûmes assis
vous assîtes	vous eûtes assis
ils/elles assirent	ils/elles eurent assis

futur simple	futur antérieur
j'assiérai	j'aurai assis
tu assiéras	tu auras assis
il/elle assiéra	il/elle aura assis
nous assiérons	nous aurons assis
vous assiérez	vous aurez assis
ils/elles assiéront	ils/elles auront assis

conditionnel présent	conditionnel passé
j'assiérais	j'aurais assis
tu assiérais	tu aurais assis
il/elle assiérait	il/elle aurait assis
nous assiérions	nous aurions assis
vous assiériez	vous auriez assis
ils/elles assiéraient	ils/elles auraient assis

subjonctif présent	subjonctif passé
j'asseye	j'aie assis
tu asseyes	tu aies assis
il/elle asseye	il/elle ait assis
nous asseyions	nous ayons assis
vous asseyiez	vous ayez assis
ils/elles asseyent	ils/elles aient assis

subjonctif imparfait	subjonctif plus-que-parfait
j'assisse	j'eusse assis
tu assisses	tu eusses assis
il/elle assît	il/elle eût assis
nous assissions	nous eussions assis
vous assissiez	vous eussiez assis
ils/elles assissent	ils/elles eussent assis

impératif présent	impératif passé
assieds	aie assis
asseyons	ayons assis
asseyez	ayez assis

infinitif présent	infinitif passé
asseoir	avoir assis

participe présent	participe passé
asseyant	assis

gérondif présent	gérondif passé
en asseyant	en ayant assis

47 asseoir

Verbformen auf –oi

présent	passé composé
j'assois	j'ai assis
tu assois	tu as assis
il/elle assoit	il/elle a assis
nous assoyons	nous avons assis
vous assoyez	vous avez assis
ils/elles assoient	ils/elles ont assis

imparfait	plus-que-parfait
j'assoyais	j'avais assis
tu assoyais	tu avais assis
il/elle assoyait	il/elle avait assis
nous assoyions	nous avions assis
vous assoyiez	vous aviez assis
ils/elles assoyaient	ils/elles avaient assis

passé simple	passé antérieur
j'assis	j'eus assis
tu assis	tu eus assis
il/elle assit	il/elle eut assis
nous assîmes	nous eûmes assis
vous assîtes	vous eûtes assis
ils/elles assirent	ils/elles eurent assis

futur simple	futur antérieur
j'assoirai	j'aurai assis
tu assoiras	tu auras assis
il/elle assoira	il/elle aura assis
nous assoirons	nous aurons assis
vous assoirez	vous aurez assis
ils/elles assoiront	ils/elles auront assis

conditionnel présent	conditionnel passé
j'assoirais	j'aurais assis
tu assoirais	tu aurais assis
il/elle assoirait	il/elle aurait assis
nous assoirions	nous aurions assis
vous assoiriez	vous auriez assis
ils/elles assoiraient	ils/elles auraient assis

subjonctif présent	subjonctif passé
j'assoie	j'aie assis
tu assoies	tu aies assis
il/elle assoie	il/elle ait assis
nous assoyions	nous ayons assis
vous assoyiez	vous ayez assis
ils/elles assoient	ils/elles aient assis

subjonctif imparfait	subjonctif plus-que-parfait
j'assisse	j'eusse assis
tu assisses	tu eusses assis
il/elle assît	il/elle eût assis
nous assissions	nous eussions assis
vous assissiez	vous eussiez assis
ils/elles assissent	ils/elles eussent assis

impératif présent	impératif passé
assois	aie assis
assoyons	ayons assis
assoyez	ayez assis

infinitif présent	infinitif passé
asseoir	avoir assis

participe présent	participe passé
assoyant	assis

gérondif présent	gérondif passé
en assoyant	en ayant assis

48 seoir

présent	passé composé
-	-
-	-
il/elle sied	-
-	-
-	-
ils/elles siéent	-

imparfait	plus-que-parfait
-	-
-	-
il/elle seyait	-
-	-
-	-
ils/elles seyaient	-

passé simple	passé antérieur
-	-
-	-
-	-
-	-
-	-
-	-

futur simple	futur antérieur
-	-
-	-
il/elle siéra	-
-	-
-	-
ils/elles siéront	-

conditionnel présent	conditionnel passé
-	-
-	-
-	-
-	-
-	-
-	-

subjonctif présent	subjonctif passé
-	-
-	-
il/elle siée	-
-	-
-	-
ils/elles siéent	-

subjonctif imparfait	subjonctif plus-que-parfait
-	-
-	-
-	-
-	-
-	-
-	-

impératif présent	impératif passé
-	-
-	-
-	-

infinitif présent	infinitif passé
seoir	avoir sis

participe présent	participe passé
séant/seyant	sis

gérondif présent	gérondif passé
en séant/seyant	en ayant sis

49 messeoir

présent	passé composé
-	-
-	-
il/elle messied	-
-	-
-	-
ils/elles messiéent	-

imparfait	plus-que-parfait
-	-
-	-
il/elle messeyait	-
-	-
-	-
ils/elles messeyaient	-

passé simple	passé antérieur
-	-
-	-
-	-
-	-
-	-
-	-

futur simple	futur antérieur
-	-
-	-
il/elle messiéra	-
-	-
-	-
ils/elles messiéront	-

conditionnel présent	conditionnel passé
-	-
-	-
il/elle messiérait	-
-	-
-	-
ils/elles messiéraient	-

subjonctif présent	subjonctif passé
-	
-	
il/elle messiée	
-	
-	
ils/elles messiéent	

subjonctif imparfait	subjonctif plus-que-parfait
-	-
-	-
-	-
-	-
-	-
-	-

impératif présent	impératif passé
-	-
-	-
-	-

infinitif présent	infinitif passé
messeoir	avoir messis

participe présent	participe passé
messéant	messis

gérondif présent	gérondif passé
en messéant	en ayant messis

50 surseoir

présent	passé composé
je sursois	j'ai sursis
tu sursois	tu as sursis
il/elle sursoit	il/elle a sursis
nous sursoyons	nous avons sursis
vous sursoyez	vous avez sursis
ils/elles sursoient	ils/elles ont sursis

imparfait	plus-que-parfait
je sursoyais	j'avais sursis
tu sursoyais	tu avais sursis
il/elle sursoyait	il/elle avait sursis
nous sursoyions	nous avions sursis
vous sursoyiez	vous aviez sursis
ils/elles sursoyaient	ils/elles avaient sursis

passé simple	passé antérieur
je sursis	j'eus sursis
tu sursis	tu eus sursis
il/elle sursit	il/elle eut sursis
nous sursîmes	nous eûmes sursis
vous sursîtes	vous eûtes sursis
ils/elles sursirent	ils/elles eurent sursis

futur simple	futur antérieur
je surseoirai	j'aurai sursis
tu surseoiras	tu auras sursis
il/elle surseoira	il/elle aura sursis
nous surseoirons	nous aurons sursis
vous surseoirez	vous aurez sursis
ils/elles surseoiront	ils/elles auront sursis

conditionnel présent	conditionnel passé
je surseoirais	j'aurais sursis
tu surseoirais	tu aurais sursis
il/elle surseoirait	il/elle aurait sursis
nous surseoirions	nous aurions sursis
vous surseoiriez	vous auriez sursis
ils/elles surseoiraient	ils/elles auraient sursis

subjonctif présent	subjonctif passé
je sursoie	j'aie sursis
tu sursoies	tu aies sursis
il/elle sursoie	il/elle ait sursis
nous sursoyions	nous ayons sursis
vous sursoyiez	vous ayez sursis
ils/elles sursoient	ils/elles aient sursis

subjonctif imparfait	subjonctif plus-que-parfait
je sursisse	j'eusse sursis
tu sursisses	tu eusses sursis
il/elle sursît	il/elle eût sursis
nous sursissions	nous eussions sursis
vous sursissiez	vous eussiez sursis
ils/elles sursissent	ils/elles eussent sursis

impératif présent	impératif passé
sursois	aie sursis
sursoyons	ayons sursis
sursoyez	ayez sursis

infinitif présent	infinitif passé
surseoir	avoir sursis

participe présent	participe passé
sursoyant	sursis

gérondif présent	gérondif passé
en sursoyant	en ayant sursis

51 choir

présent	passé composé
je chois	j'ai chu
tu chois	tu as chu
il/elle choit	il/elle a chu
nous choyons	nous avons chu
vous choyez	vous avez chu
ils/elles choient	ils/elles ont chu

imparfait	plus-que-parfait
-	j'avais chu
-	tu avais chu
-	il/elle avait chu
-	nous avions chu
-	vous aviez chu
-	ils/elles avaient chu

passé simple	passé antérieur
je chus	j'eus chu
tu chus	tu eus chu
il/elle chut	il/elle eut chu
nous chûmes	nous eûmes chu
vous chûtes	vous eûtes chu
ils/elles churent	ils/elles eurent chu

futur simple	futur antérieur
je choirai/cherrai	j'aurai chu
tu choiras/cherras	tu auras chu
il/elle choira/cherra	il/elle aura chu
nous choirons/cherrons	nous aurons chu
vous choirez/cherrez	vous aurez chu
ils/elles choiront/cherront	ils/elles auront chu

conditionnel présent	conditionnel passé
je choirais/cherrais	j'aurais chu
tu choirais/cherrais	tu aurais chu
il/elle choirait/cherrait	il/elle aurait chu
nous choirions/cherrions	nous aurions chu
vous choiriez/cherriez	vous auriez chu
ils/elles choiraient/cherraient	ils/elles auraient chu

subjonctif présent	subjonctif passé
-	j'aie chu
-	tu aies chu
-	il/elle ait chu
-	nous ayons chu
-	vous ayez chu
-	ils/elles aient chu

subjonctif imparfait	subjonctif plus-que-parfait
-	j'eusse chu
-	tu eusses chu
-	il/elle eût chu
-	nous eussions chu
-	vous eussiez chu
-	ils/elles eussent chu

impératif présent	impératif passé
-	-
-	-
-	-

infinitif présent	infinitif passé
choir	avoir chu

participe présent	participe passé
-	chu

gérondif présent	gérondif passé
-	en ayant chu

52 échoir

présent	passé composé
-	-
-	-
il/elle échoit/échet	il/elle est échu/échue
-	-
-	-
ils/elles échoient/échéent	ils/elles sont échus/échues

imparfait	plus-que-parfait
-	-
-	-
il/elle échoyait	il/elle était échu/échue
-	-
-	-
ils/elles échoyaient	ils/elles étaient échus/échues

passé simple	passé antérieur
-	-
-	-
il/elle échut	il/elle fut échu/échue
-	-
-	-
ils/elles échurent	ils/elles furent échus/échues

futur simple	futur antérieur
-	-
-	-
il/elle échoira/écherra	il/elle sera échu/échue
-	-
-	-
ils/elles échoiront/écherront	ils/elles seront échus/échues

conditionnel présent	conditionnel passé
-	-
-	-
il/elle échoirait/écherrait	il/elle serait échu/échue
-	-
-	-
ils/elles échoiraient/écherraient	ils/elles seraient échus/échues

subjonctif présent	subjonctif passé
-	-
-	-
il/elle échoie/échée	il/elle soit échu/échue
-	-
-	-
ils/elles échoient/échéent	ils/elles soient échus/échues

subjonctif imparfait	subjonctif plus-que-parfait
-	-
-	-
il/elle échût	il/elle fût échu/échue
-	-
-	-
ils/elles échussent	ils/elles fussent échus/échues

impératif présent	impératif passé
-	-
-	-
-	-

infinitif présent	infinitif passé
échoir	être échu

participe présent	participe passé
échéant	échu

gérondif présent	gérondif passé
en échéant	en étant échu

53 déchoir

présent	passé composé
je déchois	j'ai déchu
tu déchois	tu as déchu
il/elle déchoit	il/elle a déchu
nous déchoyons	nous avons déchu
vous déchoyez	vous avez déchu
ils/elles déchoient	ils/elles ont déchu

imparfait	plus-que-parfait
-	j'avais déchu
-	tu avais déchu
-	il/elle avait déchu
-	nous avions déchu
-	vous aviez déchu
-	ils/elles avaient déchu

passé simple	passé antérieur
je déchus	j'eus déchu
tu déchus	tu eus déchu
il/elle déchut	il/elle eut déchu
nous déchûmes	nous eûmes déchu
vous déchûtes	vous eûtes déchu
ils/elles déchurent	ils/elles eurent déchu

futur simple	futur antérieur
je déchoirai	j'aurai déchu
tu déchoiras	tu auras déchu
il/elle déchoira	il/elle aura déchu
nous déchoirons	nous aurons déchu
vous déchoirez	vous aurez déchu
ils/elles déchoiront	ils/elles auront déchu

conditionnel présent	conditionnel passé
je déchoirais	j'aurais déchu
tu déchoirais	tu aurais déchu
il/elle déchoirait	il/elle aurait déchu
nous déchoirions	nous aurions déchu
vous déchoiriez	vous auriez déchu
ils/elles déchoiraient	ils/elles auraient déchu

subjonctif présent	subjonctif passé
je déchoie	j'aie déchu
tu déchoies	tu aies déchu
il/elle déchoie	il/elle ait déchu
nous déchoyions	nous ayons déchu
vous déchoyiez	vous ayez déchu
ils/elles déchoient	ils/elles aient déchu

subjonctif imparfait	subjonctif plus-que-parfait
je déchusse	j'eusse déchu
tu déchusses	tu eusses déchu
il/elle déchût	il/elle eût déchu
nous déchussions	nous eussions déchu
vous déchussiez	vous eussiez déchu
ils/elles déchussent	ils/elles eussent déchu

impératif présent	impératif passé
-	aie déchu
-	ayons déchu
-	ayez déchu

infinitif présent	infinitif passé
déchoir	avoir déchu

participe présent	participe passé
-	déchu

gérondif présent	gérondif passé
-	en ayant déchu

54 rendre

Verben auf –andre, –endre, –ondre, –erdre, –ordre

présent	passé composé
je rends	j'ai rendu
tu rends	tu as rendu
il/elle rend	il/elle a rendu
nous rendons	nous avons rendu
vous rendez	vous avez rendu
ils/elles rendent	ils/elles ont rendu

imparfait	plus-que-parfait
je rendais	j'avais rendu
tu rendais	tu avais rendu
il/elle rendait	il/elle avait rendu
nous rendions	nous avions rendu
vous rendiez	vous aviez rendu
ils/elles rendaient	ils/elles avaient rendu

passé simple	passé antérieur
je rendis	j'eus rendu
tu rendis	tu eus rendu
il/elle rendit	il/elle eut rendu
nous rendîmes	nous eûmes rendu
vous rendîtes	vous eûtes rendu
ils/elles rendirent	ils/elles eurent rendu

futur simple	futur antérieur
je rendrai	j'aurai rendu
tu rendras	tu auras rendu
il/elle rendra	il/elle aura rendu
nous rendrons	nous aurons rendu
vous rendrez	vous aurez rendu
ils/elles rendront	ils/elles auront rendu

conditionnel présent	conditionnel passé
je rendrais	j'aurais rendu
tu rendrais	tu aurais rendu
il/elle rendrait	il/elle aurait rendu
nous rendrions	nous aurions rendu
vous rendriez	vous auriez rendu
ils/elles rendraient	ils/elles auraient rendu

subjonctif présent	subjonctif passé
je rende	j'aie rendu
tu rendes	tu aies rendu
il/elle rende	il/elle ait rendu
nous rendions	nous ayons rendu
vous rendiez	vous ayez rendu
ils/elles rendent	ils/elles aient rendu

subjonctif imparfait	subjonctif plus-que-parfait
je rendisse	j'eusse rendu
tu rendisses	tu eusses rendu
il/elle rendît	il/elle eût rendu
nous rendissions	nous eussions rendu
vous rendissiez	vous eussiez rendu
ils/elles rendissent	ils/elles eussent rendu

impératif présent	impératif passé
rends	aie rendu
rendons	ayons rendu
rendez	ayez rendu

infinitif présent	infinitif passé
rendre	avoir rendu

participe présent	participe passé
rendant	rendu

gérondif présent	gérondif passé
en rendant	en ayant rendu

55 prendre

présent	passé composé
je prends	j'ai pris
tu prends	tu as pris
il/elle prend	il/elle a pris
nous prenons	nous avons pris
vous prenez	vous avez pris
ils/elles prennent	ils/elles ont pris

imparfait	plus-que-parfait
je prenais	j'avais pris
tu prenais	tu avais pris
il/elle prenait	il/elle avait pris
nous prenions	nous avions pris
vous preniez	vous aviez pris
ils/elles prenaient	ils/elles avaient pris

passé simple	passé antérieur
je pris	j'eus pris
tu pris	tu eus pris
il/elle prit	il/elle eut pris
nous prîmes	nous eûmes pris
vous prîtes	vous eûtes pris
ils/elles prirent	ils/elles eurent pris

futur simple	futur antérieur
je prendrai	j'aurai pris
tu prendras	tu auras pris
il/elle prendra	il/elle aura pris
nous prendrons	nous aurons pris
vous prendrez	vous aurez pris
ils/elles prendront	ils/elles auront pris

conditionnel présent	conditionnel passé
e prendrais	j'aurais pris
tu prendrais	tu aurais pris
il/elle prendrait	il/elle aurait pris
nous prendrions	nous aurions pris
vous prendriez	vous auriez pris
ils/elles prendraient	ils/elles auraient pris

subjonctif présent	subjonctif passé
je prenne	j'aie pris
tu prennes	tu aies pris
il/elle prenne	il/elle ait pris
nous prenions	nous ayons pris
vous preniez	vous ayez pris
ils/elles prennent	ils/elles aient pris

subjonctif imparfait	subjonctif plus-que-parfait
je prisse	j'eusse pris
tu prisses	tu eusses pris
il/elle prît	il/elle eût pris
nous prissions	nous eussions pris
vous prissiez	vous eussiez pris
ils/elles prissent	ils/elles eussent pris

impératif présent	impératif passé
prends	aie pris
prenons	ayons pris
prenez	ayez pris

infinitif présent	infinitif passé
prendre	avoir pris

participe présent	participe passé
prenant	pris

gérondif présent	gérondif passé
en prenant	en ayant pris

56 battre

présent	passé composé
je bats	j'ai battu
tu bats	tu as battu
il/elle bat	il/elle a battu
nous battons	nous avons battu
vous battez	vous avez battu
ils/elles battent	ils/elles ont battu

imparfait	plus-que-parfait
je battais	j'avais battu
tu battais	tu avais battu
il/elle battait	il/elle avait battu
nous battions	nous avions battu
vous battiez	vous aviez battu
ils/elles battaient	ils/elles avaient battu

passé simple	passé antérieur
je battis	j'eus battu
tu battis	tu eus battu
il/elle battit	il/elle eut battu
nous battîmes	nous eûmes battu
vous battîtes	vous eûtes battu
ils/elles battirent	ils/elles eurent battu

futur simple	futur antérieur
je battrai	j'aurai battu
tu battras	tu auras battu
il/elle battra	il/elle aura battu
nous battrons	nous aurons battu
vous battrez	vous aurez battu
ils/elles battront	ils/elles auront battu

conditionnel présent	conditionnel passé
je battrais	j'aurais battu
tu battrais	tu aurais battu
il/elle battrait	il/elle aurait battu
nous battrions	nous aurions battu
vous battriez	vous auriez battu
ils/elles battraient	ils/elles auraient battu

subjonctif présent	subjonctif passé
je batte	j'aie battu
tu battes	tu aies battu
il/elle batte	il/elle ait battu
nous battions	nous ayons battu
vous battiez	vous ayez battu
ils/elles battent	ils/elles aient battu

subjonctif imparfait	subjonctif plus-que-parfait
je battisse	j'eusse battu
tu battisses	tu eusses battu
il/elle battît	il/elle eût battu
nous battissions	nous eussions battu
vous battissiez	vous eussiez battu
ils/elles battissent	ils/elles eussent battu

impératif présent	impératif passé
bats	aie battu
battons	ayons battu
battez	ayez battu

infinitif présent	infinitif passé
battre	avoir battu

participe présent	participe passé
battant	battu

gérondif présent	gérondif passé
en battant	en ayant battu

57 mettre

présent	passé composé
je mets	j'ai mis
tu mets	tu as mis
il/elle met	il/elle a mis
nous mettons	nous avons mis
vous mettez	vous avez mis
ils/elles mettent	ils/elles ont mis

imparfait	plus-que-parfait
je mettais	j'avais mis
tu mettais	tu avais mis
il/elle mettait	il/elle avait mis
nous mettions	nous avions mis
vous mettiez	vous aviez mis
ils/elles mettaient	ils/elles avaient mis

passé simple	passé antérieur
je mis	j'eus mis
tu mis	tu eus mis
il/elle mit	il/elle eut mis
nous mîmes	nous eûmes mis
vous mîtes	vous eûtes mis
ils/elles mirent	ils/elles eurent mis

futur simple	futur antérieur
je mettrai	j'aurai mis
tu mettras	tu auras mis
il/elle mettra	il/elle aura mis
nous mettrons	nous aurons mis
vous mettrez	vous aurez mis
ils/elles mettront	ils/elles auront mis

conditionnel présent	conditionnel passé
je mettrais	j'aurais mis
tu mettrais	tu aurais mis
il/elle mettrait	il/elle aurait mis
nous mettrions	nous aurions mis
vous mettriez	vous auriez mis
ils/elles mettraient	ils/elles auraient mis

subjonctif présent	subjonctif passé
je mette	j'aie mis
tu mettes	tu aies mis
il/elle mette	il/elle ait mis
nous mettions	nous ayons mis
vous mettiez	vous ayez mis
ils/elles mettent	ils/elles aient mis

subjonctif imparfait	subjonctif plus-que-parfait
je misse	j'eusse mis
tu misses	tu eusses mis
il/elle mît	il/elle eût mis
nous missions	nous eussions mis
vous missiez	vous eussiez mis
ils/elles missent	ils/elles eussent mis

impératif présent	impératif passé
mets	aie mis
mettons	ayons mis
mettez	ayez mis

infinitif présent	infinitif passé
mettre	avoir mis

participe présent	participe passé
mettant	mis

gérondif présent	gérondif passé
en mettant	en ayant mis

58 peindre

Verben auf –eindre

présent	passé composé
je peins	j'ai peint
tu peins	tu as peint
il/elle peint	il/elle a peint
nous peignons	nous avons peint
vous peignez	vous avez peint
ils/elles peignent	ils/elles ont peint

imparfait	plus-que-parfait
je peignais	j'avais peint
tu peignais	tu avais peint
il/elle peignait	il/elle avait peint
nous peignions	nous avions peint
vous peigniez	vous aviez peint
ils/elles peignaient	ils/elles avaient peint

passé simple	passé antérieur
je peignis	j'eus peint
tu peignis	tu eus peint
il/elle peignit	il/elle eut peint
nous peignîmes	nous eûmes peint
vous peignîtes	vous eûtes peint
ils/elles peignirent	ils/elles eurent peint

futur simple	futur antérieur
je peindrai	j'aurai peint
tu peindras	tu auras peint
il/elle peindra	il/elle aura peint
nous peindrons	nous aurons peint
vous peindrez	vous aurez peint
ils/elles peindront	ils/elles auront peint

conditionnel présent	conditionnel passé
je peindrais	j'aurais peint
tu peindrais	tu aurais peint
il/elle peindrait	il/elle aurait peint
nous peindrions	nous aurions peint
vous peindriez	vous auriez peint
ils/elles peindraient	ils/elles auraient peint

subjonctif présent	subjonctif passé
je peigne	j'aie peint
tu peignes	tu aies peint
il/elle peigne	il/elle ait peint
nous peignions	nous ayons peint
vous peigniez	vous ayez peint
ils/elles peignent	ils/elles aient peint

subjonctif imparfait	subjonctif plus-que-parfait
je peignisse	j'eusse peint
tu peignisses	tu eusses peint
il/elle peignît	il/elle eût peint
nous peignissions	nous eussions peint
vous peignissiez	vous eussiez peint
ils/elles peignissent	ils/elles eussent peint

impératif présent	impératif passé
peins	aie peint
peignons	ayons peint
peignez	ayez peint

infinitif présent	infinitif passé
peindre	avoir peint

participe présent	participe passé
peignant	peint

gérondif présent	gérondif passé
en peignant	en ayant peint

59 joindre

Verben auf –oindre

présent	passé composé
je joins	j'ai joint
tu joins	tu as joint
il/elle joint	il/elle a joint
nous joignons	nous avons joint
vous joignez	vous avez joint
ils/elles joignent	ils/elles ont joint

imparfait	plus-que-parfait
je joignais	j'avais joint
tu joignais	tu avais joint
il/elle joignait	il/elle avait joint
nous joignions	nous avions joint
vous joigniez	vous aviez joint
ils/elles joignaient	ils/elles avaient joint

passé simple	passé antérieur
je joignis	j'eus joint
tu joignis	tu eus joint
il/elle joignit	il/elle eut joint
nous joignîmes	nous eûmes joint
vous joignîtes	vous eûtes joint
ils/elles joignirent	ils/elles eurent joint

futur simple	futur antérieur
je joindrai	j'aurai joint
tu joindras	tu auras joint
il/elle joindra	il/elle aura joint
nous joindrons	nous aurons joint
vous joindrez	vous aurez joint
ils/elles joindront	ils/elles auront joint

conditionnel présent	conditionnel passé
je joindrais	j'aurais joint
tu joindrais	tu aurais joint
il/elle joindrait	il/elle aurait joint
nous joindrions	nous aurions joint
vous joindriez	vous auriez joint
ils/elles joindraient	ils/elles auraient joint

subjonctif présent	subjonctif passé
je joigne	j'aie joint
tu joignes	tu aies joint
il/elle joigne	il/elle ait joint
nous joignions	nous ayons joint
vous joigniez	vous ayez joint
ils/elles joignent	ils/elles aient joint

subjonctif imparfait	subjonctif plus-que-parfait
je joignisse	j'eusse joint
tu joignisses	tu eusses joint
il/elle joignît	il/elle eût joint
nous joignissions	nous eussions joint
vous joignissiez	vous eussiez joint
ils/elles joignissent	ils/elles eussent joint

impératif présent	impératif passé
joins	aie joint
joignons	ayons joint
joignez	ayez joint

infinitif présent	infinitif passé
joindre	avoir joint

participe présent	participe passé
joignant	joint

gérondif présent	gérondif passé
en joignant	en ayant joint

60 craindre

Veren auf –aindre

présent	passé composé
je crains	j'ai craint
tu crains	tu as craint
il/elle craint	il/elle a craint
nous craignons	nous avons craint
vous craignez	vous avez craint
ils/elles craignent	ils/elles ont craint

imparfait	plus-que-parfait
je craignais	j'avais craint
tu craignais	tu avais craint
il/elle craignait	il/elle avait craint
nous craignions	nous avions craint
vous craigniez	vous aviez craint
ils/elles craignaient	ils/elles avaient craint

passé simple	passé antérieur
je craignis	j'eus craint
tu craignis	tu eus craint
il/elle craignit	il/elle eut craint
nous craignîmes	nous eûmes craint
vous craignîtes	vous eûtes craint
ils/elles craignirent	ils/elles eurent craint

futur simple	futur antérieur
je craindrai	j'aurai craint
tu craindras	tu auras craint
il/elle craindra	il/elle aura craint
nous craindrons	nous aurons craint
vous craindrez	vous aurez craint
ils/elles craindront	ils/elles auront craint

conditionnel présent	conditionnel passé
je craindrais	j'aurais craint
tu craindrais	tu aurais craint
il/elle craindrait	il/elle aurait craint
nous craindrions	nous aurions craint
vous craindriez	vous auriez craint
ils/elles craindraient	ils/elles auraient craint

subjonctif présent	subjonctif passé
je craigne	j'aie craint
tu craignes	tu aies craint
il/elle craigne	il/elle ait craint
nous craignions	nous ayons craint
vous craigniez	vous ayez craint
ils/elles craignent	ils/elles aient craint

subjonctif imparfait	subjonctif plus-que-parfait
je craignisse	j'eusse craint
tu craignisses	tu eusses craint
il/elle craignît	il/elle eût craint
nous craignissions	nous eussions craint
vous craignissiez	vous eussiez craint
ils/elles craignissent	ils/elles eussent craint

impératif présent	impératif passé
crains	aie craint
craignons	ayons craint
craignez	ayez craint

infinitif présent	infinitif passé
craindre	avoir craint

participe présent	participe passé
craignant	craint

gérondif présent	gérondif passé
en craignant	en ayant craint

61 vaincre

présent	passé composé
je vaincs	j'ai vaincu
tu vaincs	tu as vaincu
il/elle vainc	il/elle a vaincu
nous vainquons	nous avons vaincu
vous vainquez	vous avez vaincu
ils/elles vainquent	ils/elles ont vaincu

imparfait	plus-que-parfait
je vainquais	j'avais vaincu
tu vainquais	tu avais vaincu
il/elle vainquait	il/elle avait vaincu
nous vainquions	nous avions vaincu
vous vainquiez	vous aviez vaincu
ils/elles vainquaient	ils/elles avaient vaincu

passé simple	passé antérieur
je vainquis	j'eus vaincu
tu vainquis	tu eus vaincu
il/elle vainquit	il/elle eut vaincu
nous vainquîmes	nous eûmes vaincu
vous vainquîtes	vous eûtes vaincu
ils/elles vainquirent	ils/elles eurent vaincu

futur simple	futur antérieur
je vaincrai	j'aurai vaincu
tu vaincras	tu auras vaincu
il/elle vaincra	il/elle aura vaincu
nous vaincrons	nous aurons vaincu
vous vaincrez	vous aurez vaincu
ils/elles vaincront	ils/elles auront vaincu

conditionnel présent	conditionnel passé
je vaincrais	j'aurais vaincu
tu vaincrais	tu aurais vaincu
il/elle vaincrait	il/elle aurait vaincu
nous vaincrions	nous aurions vaincu
vous vaincriez	vous auriez vaincu
ils/elles vaincraient	ils/elles auraient vaincu

subjonctif présent	subjonctif passé
je vainque	j'aie vaincu
tu vainques	tu aies vaincu
il/elle vainque	il/elle ait vaincu
nous vainquions	nous ayons vaincu
vous vainquiez	vous ayez vaincu
ils/elles vainquent	ils/elles aient vaincu

subjonctif imparfait	subjonctif plus-que-parfait
je vainquisse	j'eusse vaincu
tu vainquisses	tu eusses vaincu
il/elle vainquît	il/elle eût vaincu
nous vainquissions	nous eussions vaincu
vous vainquissiez	vous eussiez vaincu
ils/elles vainquissent	ils/elles eussent vaincu

impératif présent	impératif passé
vaincs	aie vaincu
vainquons	ayons vaincu
vainquez	ayez vaincu
infinitif présent	**infinitif passé**
vaincre	avoir vaincu

participe présent	participe passé
vainquant	vaincu

gérondif présent	gérondif passé
en vainquant	en ayant vaincu

62 traire

présent	passé composé
je trais	j'ai trait
tu trais	tu as trait
il/elle trait	il/elle a trait
nous trayons	nous avons trait
vous trayez	vous avez trait
ils/elles traient	ils/elles ont trait

imparfait	plus-que-parfait
je trayais	j'avais trait
tu trayais	tu avais trait
il/elle trayait	il/elle avait trait
nous trayions	nous avions trait
vous trayiez	vous aviez trait
ils/elles trayaient	ils/elles avaient trait

passé simple	passé antérieur
-	j'eus trait
-	tu eus trait
-	il/elle eut trait
-	nous eûmes trait
-	vous eûtes trait
-	ils/elles eurent trait

futur simple	futur antérieur
je trairai	j'aurai trait
tu trairas	tu auras trait
il/elle traira	il/elle aura trait
nous trairons	nous aurons trait
vous trairez	vous aurez trait
ils/elles trairont	ils/elles auront trait

conditionnel présent	conditionnel passé
je trairais	j'aurais trait
tu trairais	tu aurais trait
il/elle trairait	il/elle aurait trait
nous trairions	nous aurions trait
vous trairiez	vous auriez trait
ils/elles trairaient	ils/elles auraient trait

subjonctif présent	subjonctif passé
je traie	j'aie trait
tu traies	tu aies trait
il/elle traie	il/elle ait trait
nous trayions	nous ayons trait
vous trayiez	vous ayez trait
ils/elles traient	ils/elles aient trait

subjonctif imparfait	subjonctif plus-que-parfait
-	j'eusse trait
-	tu eusses trait
-	il/elle eût trait
-	nous eussions trait
-	vous eussiez trait
-	ils/elles eussent trait

impératif présent	impératif passé
trais	aie trait
trayons	ayons trait
trayez	ayez trait

infinitif présent	infinitif passé
traire	avoir trait

participe présent	participe passé
trayant	trait

gérondif présent	gérondif passé
en trayant	en ayant trait

63 faire

présent	passé composé
je fais	j'ai fait
tu fais	tu as fait
il/elle fait	il/elle a fait
nous faisons	nous avons fait
vous faites	vous avez fait
ils/elles font	ils/elles ont fait

imparfait	plus-que-parfait
je faisais	j'avais fait
tu faisais	tu avais fait
il/elle faisait	il/elle avait fait
nous faisions	nous avions fait
vous faisiez	vous aviez fait
ils/elles faisaient	ils/elles avaient fait

passé simple	passé antérieur
je fis	j'eus fait
tu fis	tu eus fait
il/elle fit	il/elle eut fait
nous fîmes	nous eûmes fait
vous fîtes	vous eûtes fait
ils/elles firent	ils/elles eurent fait

futur simple	futur antérieur
je ferai	j'aurai fait
tu feras	tu auras fait
il/elle fera	il/elle aura fait
nous ferons	nous aurons fait
vous ferez	vous aurez fait
ils/elles feront	ils/elles auront fait

conditionnel présent	conditionnel passé
je ferais	j'aurais fait
tu ferais	tu aurais fait
il/elle ferait	il/elle aurait fait
nous ferions	nous aurions fait
vous feriez	vous auriez fait
ils/elles feraient	ils/elles auraient fait

subjonctif présent	subjonctif passé
je fasse	j'aie fait
tu fasses	tu aies fait
il/elle fasse	il/elle ait fait
nous fassions	nous ayons fait
vous fassiez	vous ayez fait
ils/elles fassent	ils/elles aient fait

subjonctif imparfait	subjonctif plus-que-parfait
je fisse	j'eusse fait
tu fisses	tu eusses fait
il/elle fît	il/elle eût fait
nous fissions	nous eussions fait
vous fissiez	vous eussiez fait
ils/elles fissent	ils/elles eussent fait

impératif présent	impératif passé
fais	aie fait
faisons	ayons fait
faites	ayez fait

infinitif présent	infinitif passé
faire	avoir fait

participe présent	participe passé
faisant	fait

gérondif présent	gérondif passé
en faisant	en ayant fait

64 plaire

présent	passé composé
je plais	j'ai plu
tu plais	tu as plu
il/elle plaît	il/elle a plu
nous plaisons	nous avons plu
vous plaisez	vous avez plu
ils/elles plaisent	ils/elles ont plu

imparfait	plus-que-parfait
je plaisais	j'avais plu
tu plaisais	tu avais plu
il/elle plaisait	il/elle avait plu
nous plaisions	nous avions plu
vous plaisiez	vous aviez plu
ils/elles plaisaient	ils/elles avaient plu

passé simple	passé antérieur
je plus	j'eus plu
tu plus	tu eus plu
il/elle plut	il/elle eut plu
nous plûmes	nous eûmes plu
vous plûtes	vous eûtes plu
ils/elles plurent	ils/elles eurent plu

futur simple	futur antérieur
je plairai	j'aurai plu
tu plairas	tu auras plu
il/elle plaira	il/elle aura plu
nous plairons	nous aurons plu
vous plairez	vous aurez plu
ils/elles plairont	ils/elles auront plu

conditionnel présent	conditionnel passé
je plairais	j'aurais plu
tu plairais	tu aurais plu
il/elle plairait	il/elle aurait plu
nous plairions	nous aurions plu
vous plairiez	vous auriez plu
ils/elles plairaient	ils/elles auraient plu

subjonctif présent	subjonctif passé
je plaise	j'aie plu
tu plaises	tu aies plu
il/elle plaise	il/elle ait plu
nous plaisions	nous ayons plu
vous plaisiez	vous ayez plu
ils/elles plaisent	ils/elles aient plu

subjonctif imparfait	subjonctif plus-que-parfait
je plusse	j'eusse plu
tu plusses	tu eusses plu
il/elle plût	il/elle eût plu
nous plussions	nous eussions plu
vous plussiez	vous eussiez plu
ils/elles plussent	ils/elles eussent plu

impératif présent	impératif passé
plais	aie plu
plaisons	ayons plu
plaisez	ayez plu

infinitif présent	infinitif passé
plaire	avoir plu

participe présent	participe passé
plaisant	plu

gérondif présent	gérondif passé
en plaisant	en ayant plu

65 connaître

Verben auf –aître

présent	passé composé
je connais	j'ai connu
tu connais	tu as connu
il/elle connaît	il/elle a connu
nous connaissons	nous avons connu
vous connaissez	vous avez connu
ils/elles connaissent	ils/elles ont connu

imparfait	plus-que-parfait
je connaissais	j'avais connu
tu connaissais	tu avais connu
il/elle connaissait	il/elle avait connu
nous connaissions	nous avions connu
vous connaissiez	vous aviez connu
ils/elles connaissaient	ils/elles avaient connu

passé simple	passé antérieur
je connus	j'eus connu
tu connus	tu eus connu
il/elle connut	il/elle eut connu
nous connûmes	nous eûmes connu
vous connûtes	vous eûtes connu
ils/elles connurent	ils/elles eurent connu

futur simple	futur antérieur
je connaîtrai	j'aurai connu
tu connaîtras	tu auras connu
il/elle connaîtra	il/elle aura connu
nous connaîtrons	nous aurons connu
vous connaîtrez	vous aurez connu
ils/elles connaîtront	ils/elles auront connu

conditionnel présent	conditionnel passé
je connaîtrais	j'aurais connu
tu connaîtrais	tu aurais connu
il/elle connaîtrait	il/elle aurait connu
nous connaîtrions	nous aurions connu
vous connaîtriez	vous auriez connu
ils/elles connaîtraient	ils/elles auraient connu

subjonctif présent	subjonctif passé
je connaisse	j'aie connu
tu connaisses	tu aies connu
il/elle connaisse	il/elle ait connu
nous connaissions	nous ayons connu
vous connaissiez	vous ayez connu
ils/elles connaissent	ils/elles aient connu

subjonctif imparfait	subjonctif plus-que-parfait
je connusse	j'eusse connu
tu connusses	tu eusses connu
il/elle connût	il/elle eût connu
nous connussions	nous eussions connu
vous connussiez	vous eussiez connu
ils/elles connussent	ils/elles eussent connu

impératif présent	impératif passé
connais	aie connu
connaissons	ayons connu
connaissez	ayez connu

infinitif présent	infinitif passé
connaître	avoir connu

participe présent	participe passé
connaissant	connu

gérondif présent	gérondif passé
en connaissant	en ayant connu

66 naître

présent	passé composé
je nais	je suis né(e)
tu nais	tu es né(e)
il/elle naît	il/elle est né/née
nous naissons	nous sommes né(e)s
vous naissez	vous êtes né(e)s
ils/elles naissent	ils/elles sont nés/nées

imparfait	plus-que-parfait
je naissais	j'étais né(e)
tu naissais	tu étais né(e)
il/elle naissait	il/elle était né/née
nous naissions	nous étions né(e)s
vous naissiez	vous étiez né(e)s
ils/elles naissaient	ils/elles étaient nés/nées

passé simple	passé antérieur
je naquis	je fus né(e)
tu naquis	tu fus né(e)
il/elle naquit	il/elle fut né/née
nous naquîmes	nous fûmes né(e)s
vous naquîtes	vous fûtes né(e)s
ils/elles naquirent	ils/elles furent nés/nées

futur simple	futur antérieur
je naîtrai	je serai né(e)
tu naîtras	tu seras né(e)
il/elle naîtra	il/elle sera né/née
nous naîtrons	nous serons né(e)s
vous naîtrez	vous serez né(e)s
ils/elles naîtront	ils/elles seront nés/nées

conditionnel présent	conditionnel passé
je naîtrais	je serais né(e)
tu naîtrais	tu serais né(e)
il/elle naîtrait	il/elle serait né/née
nous naîtrions	nous serions né(e)s
vous naîtriez	vous seriez né(e)s
ils/elles naîtraient	ils/elles seraient nés/nées

subjonctif présent	subjonctif passé
je naisse	je sois né(e)
tu naisses	tu sois né(e)
il/elle naisse	il/elle soit né/née
nous naissions	nous soyons né(e)s
ous naissiez	vous soyez né(e)s
ils/elles naissent	ils/elles soient nés/nées

subjonctif imparfait	subjonctif plus-que-parfait
je naquisse	je fusse né(e)
tu naquisses	tu fusses né(e)
il/elle naquît	il/elle fût né/née
nous naquissions	nous fussions né(e)s
vous naquissiez	vous fussiez né(e)s
ils/elles naquissent	ils/elles fussent nés/nées

impératif présent	impératif passé
nais	sois né
naissons	soyons nés
naissez	soyez nés

infinitif présent	infinitif passé
naître	être né

participe présent	participe passé
naissant	né

gérondif présent	gérondif passé
en naissant	en étant né

67 paître

présent	passé composé
je pais	-
tu pais	-
il/elle paît	-
nous paissons	-
vous paissez	-
ils/elles paissent	-

imparfait	plus-que-parfait
je paissais	-
tu paissais	-
il/elle paissait	-
nous paissions	-
vous paissiez	-
ils/elles paissaient	-

passé simple	passé antérieur
-	-
-	-
-	-
-	-
-	-
-	-

futur simple	futur antérieur
je paîtrai	-
tu paîtras	-
il/elle paîtra	-
nous paîtrons	-
vous paîtrez	-
ils/elles paîtront	-

conditionnel présent	conditionnel passé
je paîtrais	-
tu paîtrais	-
il/elle paîtrait	-
nous paîtrions	-
vous paîtriez	-
ils/elles paîtraient	-

subjonctif présent	subjonctif passé
je paisse	-
tu paisses	-
il/elle paisse	-
nous paissions	-
vous paissiez	-
ils/elles paissent	-

subjonctif imparfait	subjonctif plus-que-parfait
je paîtrais	-
tu paîtrais	-
il/elle paîtrait	-
nous paîtrions	-
vous paîtriez	-
ils/elles paîtraient	-

impératif présent	impératif passé
pais	-
paissons	-
paissez	-

infinitif présent	infinitif passé
paître	avoir pu

participe présent	participe passé
paissant	pu

gérondif présent	gérondif passé
en paissant	en ayant pu

68 repaître

présent	passé composé
je repais	j'ai repu
tu repais	tu as repu
il/elle repaît	il/elle a repu
nous repaissons	nous avons repu
vous repaissez	vous avez repu
ils/elles repaissent	ils/elles ont repu

imparfait	plus-que-parfait
je repaissais	j'avais repu
tu repaissais	tu avais repu
il/elle repaissait	il/elle avait repu
nous repaissions	nous avions repu
vous repaissiez	vous aviez repu
ils/elles repaissaient	ils/elles avaient repu

passé simple	passé antérieur
je repus	j'eus repu
tu repus	tu eus repu
il/elle reput	il/elle eut repu
nous repûmes	nous eûmes repu
vous repûtes	vous eûtes repu
ils/elles repurent	ils/elles eurent repu

futur simple	futur antérieur
je repaîtrai	j'aurai repu
tu repaîtras	tu auras repu
il/elle repaîtra	il/elle aura repu
nous repaîtrons	nous aurons repu
vous repaîtrez	vous aurez repu
ils/elles repaîtront	ils/elles auront repu

© Bien! Verbtabellen

conditionnel présent	conditionnel passé
je repaîtrais	j'aurais repu
tu repaîtrais	tu aurais repu
il/elle repaîtrait	il/elle aurait repu
nous repaîtrions	nous aurions repu
vous repaîtriez	vous auriez repu
ils/elles repaîtraient	ils/elles auraient repu

subjonctif présent	subjonctif passé
je repaisse	j'aie repu
tu repaisses	tu aies repu
il/elle repaisse	il/elle ait repu
nous repaissions	nous ayons repu
vous repaissiez	vous ayez repu
ils/elles repaissent	ils/elles aient repu

subjonctif imparfait	subjonctif plus-que-parfait
je repusse	j'eusse repu
tu repusses	tu eusses repu
il/elle repût	il/elle eût repu
nous repussions	nous eussions repu
vous repussiez	vous eussiez repu
ils/elles repussent	ils/elles eussent repu

impératif présent	impératif passé
repais	aie repu
repaissons	ayons repu
repaissez	ayez repu

infinitif présent	infinitif passé
repaître	avoir repu

participe présent	participe passé
repaissant	repu

gérondif présent	gérondif passé
en repaissant	en ayant repu

69 croître

Verben auf –oître

présent	passé composé
je croîs	j'ai crû
tu croîs	tu as crû
il/elle croît	il/elle a crû
nous croissons	nous avons crû
vous croissez	vous avez crû
ils/elles croissent	ils/elles ont crû

imparfait	plus-que-parfait
je croissais	j'avais crû
tu croissais	tu avais crû
il/elle croissait	il/elle avait crû
nous croissions	nous avions crû
vous croissiez	vous aviez crû
ils/elles croissaient	ils/elles avaient crû

passé simple	passé antérieur
je crûs	j'eus crû
tu crûs	tu eus crû
il/elle crût	il/elle eut crû
nous crûmes	nous eûmes crû
vous crûtes	vous eûtes crû
ils/elles crûrent	ils/elles eurent crû

futur simple	futur antérieur
je croîtrai	j'aurai crû
tu croîtras	tu araus crû
il/elle croîtra	il/elle aura crû
nous croîtrons	nous aurons crû
vous croîtrez	vous aurez crû
ils/elles croîtront	ils/elles auront crû

conditionnel présent	conditionnel passé
je croîtrais	j'aurais crû
tu croîtrais	tu aurais crû
il/elle croîtrait	il/elle aurait crû
nous croîtrions	nous aurions crû
vous croîtriez	vous auriez crû
ils/elles croîtraient	ils/elles auraient crû

subjonctif présent	subjonctif passé
je croisse	j'aie crû
tu croisses	tu aies crû
il/elle croisse	il/elle crû
nous croissions	nous ayons crû
vous croissiez	vous ayez crû
ils/elles croissent	ils/elles aient crû

subjonctif imparfait	subjonctif plus-que-parfait
je crûsse	j'eusse crû
tu crûsses	tu eusses crû
il/elle crût	il/elle eût crû
nous crûssions	nous eussions crû
vous crûssiez	vous eussiez crû
ils/elles crûssent	ils/elles eussent crû

impératif présent	impératif passé
croîs	aie crû
croissons	ayons crû
croissez	ayez crû

infinitif présent	infinitif passé
croître	avoir crû

participe présent	participe passé
croissant	crû

gérondif présent	gérondif passé
en croissant	en ayant crû

70 croire

présent	passé composé
je crois	j'ai cru
tu crois	tu as cru
il/elle croit	il/elle a cru
nous croyons	nous avons cru
vous croyez	vous avez cru
ils/elles croient	ils/elles ont cru

imparfait	plus-que-parfait
je croyais	j'avais cru
tu croyais	tu avais cru
il/elle croyait	il/elle avait cru
nous croyions	nous avions cru
vous croyiez	vous aviez cru
ils/elles croyaient	ils/elles avaient cru

passé simple	passé antérieur
je crus	j'eus cru
tu crus	tu eus cru
il/elle crut	il/elle eut cru
nous crûmes	nous eûmes cru
vous crûtes	vous eûtes cru
ils/elles crurent	ils/elles eurent cru

futur simple	futur antérieur
je croirai	j'aurai cru
tu croiras	tu auras cru
il/elle croira	il/elle aura cru
nous croirons	nous aurons cru
vous croirez	vous aurez cru
ils/elles croiront	ils/elles auront cru

conditionnel présent	conditionnel passé
je croirais	j'aurais cru
tu croirais	tu aurais cru
il/elle croirait	il/elle aurait cru
nous croirions	nous aurions cru
vous croiriez	vous auriez cru
ils/elles croiraient	ils/elles auraient cru

subjonctif présent	subjonctif passé
je croie	j'aie cru
tu croies	tu aies cru
il/elle croie	il/elle ait cru
nous croyions	nous ayons cru
vous croyiez	vous ayez cru
ils/elles croient	ils/elles aient cru

subjonctif imparfait	subjonctif plus-que-parfait
je crusse	j'eusse cru
tu crusses	tu eusses cru
il/elle crût	il/elle eût cru
nous crussions	nous eussions cru
vous crussiez	vous eussiez cru
ils/elles crussent	ils/elles eussent cru

impératif présent	impératif passé
crois	aie cru
croyons	ayons cru
croyez	ayez cru

infinitif présent	infinitif passé
croire	avoir cru

participe présent	participe passé
croyant	cru

gérondif présent	gérondif passé
en croyant	en ayant cru

71 clore

présent	passé composé
je clos	j'ai clos
tu clos	tu as clos
il/elle clôt	il/elle a clos
-	nous avons clos
-	vous avez clos
ils/elles closent	ils/elles ont clos

imparfait	plus-que-parfait
-	j'avais clos
-	tu avais clos
-	il/elle avait clos
-	nous avions clos
-	vous aviez clos
-	ils/elles avaient clos

passé simple	passé antérieur
-	j'eus clos
-	tu eus clos
-	il/elle eut clos
-	nous eûmes clos
-	vous eûtes clos
-	ils/elles eurent clos

futur simple	futur antérieur
je clorai	j'eus clos
tu cloras	tu eus clos
il/elle clora	il/elle eut clos
nous clorons	nous eûmes clos
vous clorez	vous eûtes clos
ils/elles cloront	ils/elles eurent clos

conditionnel présent	conditionnel passé
je clorais	j'aurais clos
tu clorais	tu aurais clos
il/elle clorait	il/elle aurait clos
nous clorions	nous aurions clos
vous cloriez	vous auriez clos
ils/elles cloraient	ils/elles auraient clos

subjonctif présent	subjonctif passé
je close	j'aie clos
tu closes	tu aies clos
il/elle close	il/elle ait clos
nous closions	nous ayons clos
vous closiez	vous ayez clos
ils/elles closent	ils/elles aient clos

subjonctif imparfait	subjonctif plus-que-parfait
-	j'eusse clos
-	tu eusses clos
-	il/elle eût clos
-	nous eussions clos
-	vous eussiez clos
-	ils/elles eussent clos

impératif présent	impératif passé
clos	aie clos
-	ayons clos
-	ayez clos

infinitif présent	infinitif passé
clore	avoir clos

participe présent	participe passé
closant	clos

gérondif présent	gérondif passé
en closant	en ayant clos

72 conclure

Verben auf –clure

présent	passé composé
je conclus	j'ai conclu
tu conclus	tu as conclu
il/elle conclut	il/elle a conclu
nous concluons	nous avons conclu
vous concluez	vous avez conclu
ils/elles concluent	ils/elles ont conclu

imparfait	plus-que-parfait
je concluais	j'avais conclu
tu concluais	tu avais conclu
il/elle concluait	il/elle avait conclu
nous concluions	nous avions conclu
vous concluiez	vous aviez conclu
ils/elles concluaient	ils/elles avaient conclu

passé simple	passé antérieur
je conclus	j'eus conclu
tu conclus	tu eus conclu
il/elle conclut	il/elle eut conclu
nous conclûmes	nous eûmes conclu
vous conclûtes	vous eûtes conclu
ils/elles conclurent	ils/elles eurent conclu

futur simple	futur antérieur
je conclurai	j'aurai conclu
tu concluras	tu auras conclu
il/elle conclura	il/elle aura conclu
nous conclurons	nous aurons conclu
vous conclurez	vous aurez conclu
ils/elles concluront	ils/elles auront conclu

conditionnel présent	conditionnel passé
je conclurais	j'aurais conclu
tu conclurais	tu aurais conclu
il/elle conclurait	il/elle aurait conclu
nous conclurions	nous aurions conclu
vous concluriez	vous auriez conclu
ils/elles concluraient	ils/elles auraient conclu

subjonctif présent	subjonctif passé
je conclue	j'aie conclu
tu conclues	tu aies conclu
il/elle conclue	il/elle ait conclu
nous concluions	nous ayons conclu
vous concluiez	vous ayez conclu
ils/elles concluent	ils/elles aient conclu

subjonctif imparfait	subjonctif plus-que-parfait
je conclusse	j'eusse conclu
tu conclusses	tu eusses conclu
il/elle conclût	il/elle eût conclu
nous conclussions	nous eussions conclu
vous conclussiez	vous eussiez conclu
ils/elles conclussent	ils/elles eussent conclu

impératif présent	impératif passé
conclus	aie conclu
concluons	ayons conclu
concluez	ayez conclu

infinitif présent	infinitif passé
conclure	avoir conclu

participe présent	participe passé
concluant	conclu

gérondif présent	gérondif passé
en concluant	en ayant conclu

73 absoudre

présent	passé composé
j'absous	j'ai absous
tu absous	tu as absous
il/elle absout	il/elle a absous
nous absolvons	nous avons absous
vous absolvez	vous avez absous
ils/elles absolvent	ils/elles ont absous

imparfait	plus-que-parfait
j'absolvais	j'avais absous
tu absolvais	tu avais absous
il/elle absolvait	il/elle avait absous
nous absolvions	nous avions absous
vous absolviez	vous aviez absous
ils/elles absolvaient	ils/elles avaient absous

passé simple	passé antérieur
j'absolus	j'eus absous
tu absolus	tu eus absous
il/elle absolut	il/elle eut absous
nous absolûmes	nous eûmes absous
vous absolûtes	vous eûtes absous
ils/elles absolurent	ils/elles eurent absous

futur simple	futur antérieur
j'absoudrai	j'aurai absous
tu absoudras	tu auras absous
il/elle absoudra	il/elle aura absous
nous absoudrons	nous aurons absous
vous absoudrez	vous aurez absous
ils/elles absoudront	ils/elles auront absous

conditionnel présent	conditionnel passé
j'absoudrais	j'aurais absous
tu absoudrais	tu aurais absous
il/elle absoudrait	il/elle aurait absous
nous absoudrions	nous aurions absous
vous absoudriez	vous auriez absous
ils/elles absoudraient	ils/elles auraient absous

subjonctif présent	subjonctif passé
j'absolve	j'aie absous
tu absolves	tu aies absous
il/elle absolve	il/elle ait absous
nous absolvions	nous ayons absous
vous absolviez	vous ayez absous
ils/elles absolvent	ils/elles aient absous

subjonctif imparfait	subjonctif plus-que-parfait
j'absolusse	j'eusse absous
tu absolusses	tu eusses absous
il/elle absolût	il/elle eût absous
nous absolussions	nous eussions absous
vous absolussiez	vous eussiez absous
ils/elles absolussent	ils/elles eussent absous

impératif présent	impératif passé
absous	aie absous
absolvons	ayons absous
absolvez	ayez absous

infinitif présent	infinitif passé
absoudre	avoir absous

participe présent	participe passé
absolvant	absous

gérondif présent	gérondif passé
en absolvant	en ayant absous

74 coudre

présent	passé composé
je couds	j'ai cousu
tu couds	tu as cousu
il/elle coud	il/elle a cousu
nous cousons	nous avons cousu
vous cousez	vous avez cousu
ils/elles cousent	ils/elles ont cousu

imparfait	plus-que-parfait
je cousais	j'avais cousu
tu cousais	tu avais cousu
il/elle cousait	il/elle avait cousu
nous cousions	nous avions cousu
vous cousiez	vous aviez cousu
ils/elles cousaient	ils/elles avaient cousu

passé simple	passé antérieur
je cousis	j'eus cousu
tu cousis	tu eus cousu
il/elle cousit	il/elle eut cousu
nous cousîmes	nous eûmes cousu
vous cousîtes	vous eûtes cousu
ils/elles cousirent	ils/elles eurent cousu

futur simple	futur antérieur
je coudrai	j'eus cousu
tu coudras	tu eus cousu
il/elle coudra	il/elle eut cousu
nous coudrons	nous eûmes cousu
vous coudrez	vous eûtes cousu
ils/elles coudront	ils/elles eurent cousu

© Bien! Verbtabellen

conditionnel présent	conditionnel passé
je coudrais	j'aurais cousu
tu coudrais	tu aurais cousu
il/elle coudrait	il/elle aurait cousu
nous coudrions	nous aurions cousu
vous coudriez	vous auriez cousu
ils/elles coudraient	ils/elles auraient cousu

subjonctif présent	subjonctif passé
je couse	j'aie cousu
tu couses	tu aies cousu
il/elle couse	il/elle ait cousu
nous cousions	nous ayons cousu
vous cousiez	vous ayez cousu
ils/elles cousent	ils/elles aient cousu

subjonctif imparfait	subjonctif plus-que-parfait
je cousisse	j'eusse cousu
tu cousisses	tu eusses cousu
il/elle cousît	il/elle eût cousu
nous cousissions	nous eussions cousu
vous cousissiez	vous eussiez cousu
ils/elles cousissent	ils/elles eussent cousu

impératif présent	impératif passé
couds	aie cousu
cousons	ayons cousu
cousez	ayez cousu

infinitif présent	infinitif passé
coudre	avoir cousu

participe présent	participe passé
cousant	cousu

gérondif présent	gérondif passé
en cousant	en ayant cousu

75 moudre

présent	passé composé
je mouds	j'ai moulu
tu mouds	tu as moulu
il/elle moud	il/elle a moulu
nous moulons	nous avons moulu
vous moulez	vous avez moulu
ils/elles moulent	ils/elles ont moulu

imparfait	plus-que-parfait
je moulais	j'avais moulu
tu moulais	tu avais moulu
il/elle moulait	il/elle avait moulu
nous moulions	nous avions moulu
vous mouliez	vous aviez moulu
ils/elles moulaient	ils/elles avaient moulu

passé simple	passé antérieur
je moulus	j'eus moulu
tu moulus	tu eus moulu
il/elle moulut	il/elle eut moulu
nous moulûmes	nous eûmes moulu
vous moulûtes	vous eûtes moulu
ils/elles moulurent	ils/elles eurent moulu

futur simple	futur antérieur
je moudrai	j'aurai moulu
tu moudras	tu auras moulu
il/elle moudra	il/elle aura moulu
nous moudrons	nous aurons moulu
vous moudrez	vous aurez moulu
ils/elles moudront	ils/elles auront moulu

conditionnel présent	conditionnel passé
je moudrais	j'aurais moulu
tu moudrais	tu aurais moulu
il/elle moudrait	il/elle aurait moulu
nous moudrions	nous aurions moulu
vous moudriez	vous auriez moulu
ils/elles moudraient	ils/elles auraient moulu

subjonctif présent	subjonctif passé
je moule	j'aie moulu
tu moules	tu aies moulu
il/elle moule	il/elle ait moulu
nous moulions	nous ayons moulu
vous mouliez	vous ayez moulu
ils/elles moulent	ils/elles aient moulu

subjonctif imparfait	subjonctif plus-que-parfait
je moulusse	j'eusse moulu
tu moulusses	tu eusses moulu
il/elle moulût	il/elle eût moulu
nous moulussions	nous eussions moulu
vous moulussiez	vous eussiez moulu
ils/elles moulussent	ils/elles eussent moulu

impératif présent	impératif passé
mouds	aie moulu
moulons	ayons moulu
moulez	ayez moulu

infinitif présent	infinitif passé
moudre	avoir moulu

participe présent	participe passé
moulant	moulu

gérondif présent	gérondif passé
en moulant	en ayant moulu

76 suivre

présent	passé composé
je suis	j'ai suivi
tu suis	tu as suivi
il/elle suit	il/elle a suivi
nous suivons	nous avons suivi
vous suivez	vous avez suivi
ils/elles suivent	ils/elles ont suivi

imparfait	plus-que-parfait
je suivais	j'avais suivi
tu suivais	tu avais suivi
il/elle suivait	il/elle avait suivi
nous suivions	nous avions suivi
vous suiviez	vous aviez suivi
ils/elles suivaient	ils/elles avaient suivi

passé simple	passé antérieur
je suivis	j'eus suivi
tu suivis	tu eus suivi
il/elle suivit	il/elle eut suivi
nous suivîmes	nous eûmes suivi
vous suivîtes	vous eûtes suivi
ils/elles suivirent	ils/elles eurent suivi

futur simple	futur antérieur
je suivrai	j'eus suivi
tu suivras	tu eus suivi
il/elle suivra	il/elle eut suivi
nous suivrons	nous eûmes suivi
vous suivrez	vous eûtes suivi
ils/elles suivront	ils/elles eurent suivi

conditionnel présent	conditionnel passé
je suivrais	j'aurais suivi
tu suivrais	tu aurais suivi
il/elle suivrait	il/elle aurait suivi
nous suivrions	nous aurions suivi
vous suivriez	vous auriez suivi
ils/elles suivraient	ils/elles auraient suivi

subjonctif présent	subjonctif passé
je suive	j'aie suivi
tu suives	tu aies suivi
il/elle suive	il/elle ait suivi
nous suivions	nous ayons suivi
vous suiviez	vous ayez suivi
ils/elles suivent	ils/elles aient suivi

subjonctif imparfait	subjonctif plus-que-parfait
je suivisse	j'eusse suivi
tu suivisses	tu eusses suivi
il/elle suivît	il/elle eût suivi
nous suivissions	nous eussions suivi
vous suivissiez	vous eussiez suivi
ils/elles suivissent	ils/elles eussent suivi

impératif présent	impératif passé
suis	aie suivi
suivons	ayons suivi
suivez	ayez suivi

infinitif présent	infinitif passé
suivre	avoir suivi

participe présent	participe passé
suivant	suivi

gérondif présent	gérondif passé
en suivant	en ayant suivi

77 vivre

présent	passé composé
je vis	j'ai vécu
tu vis	tu as vécu
il/elle vit	il/elle a vécu
nous vivons	nous avons vécu
vous vivez	vous avez vécu
ils/elles vivent	ils/elles ont vécu

imparfait	plus-que-parfait
je vivais	j'avais vécu
tu vivais	tu avais vécu
il/elle vivait	il/elle avait vécu
nous vivions	nous avions vécu
vous viviez	vous aviez vécu
ils/elles vivaient	ils/elles avaient vécu

passé simple	passé antérieur
je vécus	j'eus vécu
tu vécus	tu eus vécu
il/elle vécut	il/elle eut vécu
nous vécûmes	nous eûmes vécu
vous vécûtes	vous eûtes vécu
ils/elles vécurent	ils/elles eurent vécu

futur simple	futur antérieur
je vivrai	j'aurai vécu
tu vivras	tu auras vécu
il/elle vivra	il/elle aura vécu
nous vivrons	nous aurons vécu
vous vivrez	vous aurez vécu
ils/elles vivront	ils/elles auront vécu

conditionnel présent	conditionnel passé
je vivrais	j'aurais vécu
tu vivrais	tu aurais vécu
il/elle vivrait	il/elle aurait vécu
nous vivrions	nous aurions vécu
vous vivriez	vous auriez vécu
ils/elles vivraient	ils/elles auraient vécu

subjonctif présent	subjonctif passé
je vive	j'aie vécu
tu vives	tu aies vécu
il/elle vive	il/elle ait vécu
nous vivions	nous ayons vécu
vous viviez	vous ayez vécu
ils/elles vivent	ils/elles aient vécu

subjonctif imparfait	subjonctif plus-que-parfait
je vécusse	j'eusse vécu
tu vécusses	tu eusses vécu
il/elle vécût	il/elle eût vécu
nous vécussions	nous eussions vécu
vous vécussiez	vous eussiez vécu
ils/elles vécussent	ils/elles eussent vécu

impératif présent	impératif passé
vis	aie vécu
vivons	ayons vécu
vivez	ayez vécu

infinitif présent	infinitif passé
vivre	avoir vécu

participe présent	participe passé
vivant	vécu

gérondif présent	gérondif passé
en vivant	en ayant vécu

78 lire

présent	passé composé
je lis	j'ai lu
tu lis	tu as lu
il/elle lit	il/elle a lu
nous lisons	nous avons lu
vous lisez	vous avez lu
ils/elles lisent	ils/elles ont lu

imparfait	plus-que-parfait
j e lisais	j'avais lu
tu lisais	tu avais lu
il/elle lisait	il/elle avait lu
nous lisions	nous avions lu
vous lisiez	vous aviez lu
ils/elles lisaient	ils/elles avaient lu

passé simple	passé antérieur
je lus	j'eus lu
tu lus	tu eus lu
il/elle lut	il/elle eut lu
nous lûmes	nous eûmes lu
vous lûtes	vous eûtes lu
ils/elles lurent	ils/elles eurent lu

futur simple	futur antérieur
je lirai	j'aurai lu
tu liras	tu auras lu
il/elle lira	il/elle aura lu
nous lirons	nous aurons lu
vous lirez	vous aurez lu
ils/elles liront	ils/elles auront lu

conditionnel présent	conditionnel passé
je lirais	j'aurais lu
tu lirais	tu aurais lu
il/elle lirait	il/elle aurait lu
nous lirions	nous aurions lu
vous liriez	vous auriez lu
ils/elles liraient	ils/elles auraient lu

subjonctif présent	subjonctif passé
je lise	j'aie lu
tu lises	tu aies lu
il/elle lise	il/elle ait lu
nous lisions	nous ayons lu
vous lisiez	vous ayez lu
ils/elles lisent	ils/elles aient lu

subjonctif imparfait	subjonctif plus-que-parfait
je lusse	j'eusse lu
tu lusses	tu eusses lu
il/elle lût	il/elle eût lu
nous lussions	nous eussions lu
vous lussiez	vous eussiez lu
ils/elles lussent	ils/elles eussent lu

impératif présent	impératif passé
lis	aie lu
lisons	ayons lu
lisez	ayez lu

infinitif présent	infinitif passé
lire	avoir lu

participe présent	participe passé
lisant	lu

gérondif présent	gérondif passé
en lisant	en ayant lu

79 dire

présent	passé composé
je dis	j'ai dit
tu dis	tu as dit
il/elle dit	il/elle a dit
nous disons	nous avons dit
vous dites	vous avez dit
ils/elles disent	ils/elles ont dit

imparfait	plus-que-parfait
je disais	j'avais dit
tu disais	tu avais dit
il/elle disait	il/elle avait dit
nous disions	nous avions dit
vous disiez	vous aviez dit
ils/elles disaient	ils/elles avaient dit

passé simple	passé antérieur
je dis	j'eus dit
tu dis	tu eus dit
il/elle dit	il/elle eut dit
nous dîmes	nous eûmes dit
vous dîtes	vous eûtes dit
ils/elles dirent	ils/elles eurent dit

futur simple	futur antérieur
je dirai	j'aurai dit
tu diras	tu auras dit
il/elle dira	il/elle aura dit
nous dirons	nous aurons dit
vous direz	vous aurez dit
ils/elles diront	ils/elles auront dit

conditionnel présent	conditionnel passé
je dirais	j'aurais dit
tu dirais	tu aurais dit
il/elle dirait	il/elle aurait dit
nous dirions	nous aurions dit
vous diriez	vous auriez dit
ils/elles diraient	ils/elles auraient dit

subjonctif présent	subjonctif passé
je dise	j'aie dit
tu dises	tu aies dit
il/elle dise	il/elle ait dit
nous disions	nous ayons dit
vous disiez	vous ayez dit
ils/elles disent	ils/elles aient dit

subjonctif imparfait	subjonctif plus-que-parfait
je disse	j'eusse dit
tu disses	tu eusses dit
il/elle dît	il/elle eût dit
nous dissions	nous eussions dit
vous dissiez	vous eussiez dit
ils/elles dissent	ils/elles eussent dit

impératif présent	impératif passé
dis	aie dit
disons	ayons dit
dites	ayez dit

infinitif présent	infinitif passé
dire	avoir dit

participe présent	participe passé
disant	dit

gérondif présent	gérondif passé
en disant	en ayant dit

80 rire

présent	passé composé
je ris	j'ai ri
tu ris	tu as ri
il/elle rit	il/elle a ri
nous rions	nous avons ri
vous riez	vous avez ri
ils/elles rient	ils/elles ont ri

imparfait	plus-que-parfait
je riais	j'avais ri
tu riais	tu avais ri
il/elle riait	il/elle avait ri
nous riions	nous avions ri
vous riiez	vous aviez ri
ils/elles riaient	ils/elles avaient ri

passé simple	passé antérieur
je ris	j'eus ri
tu ris	tu eus ri
il/elle rit	il/elle eut ri
nous rîmes	nous eûmes ri
vous rîtes	vous eûtes ri
ils/elles rirent	ils/elles eurent ri

futur simple	futur antérieur
je rirai	j'aurai ri
tu riras	tu auras ri
il/elle rira	il/elle aura ri
nous rirons	nous aurons ri
vous rirez	vous aurez ri
ils/elles riront	ils/elles auront ri

© Bien! Verbtabellen

conditionnel présent	conditionnel passé
je rirais	j'aurais ri
tu rirais	tu aurais ri
il/elle rirait	il/elle aurait ri
nous ririons	nous aurions ri
vous ririez	vous auriez ri
ils/elles riraient	ils/elles auraient ri

subjonctif présent	subjonctif passé
je rie	j'aie ri
tu ries	tu aies ri
il/elle rie	il/elle ait ri
nous riions	nous ayons ri
vous riiez	vous ayez ri
ils/elles rient	ils/elles aient ri

subjonctif imparfait	subjonctif plus-que-parfait
je risse	j'eusse ri
tu risses	tu eusses ri
il/elle rît	il/elle eût ri
nous rissions	nous eussions ri
vous rissiez	vous eussiez ri
ils/elles rissent	ils/elles eussent ri

impératif présent	impératif passé
ris	aie ri
rions	ayons ri
riez	ayez ri

infinitif présent	infinitif passé
rire	avoir ri

participe présent	participe passé
riant	ri

gérondif présent	gérondif passé
en riant	en ayant ri

81 écrire

présent	passé composé
j'écris	j'ai écrit
tu écris	tu as écrit
il/elle écrit	il/elle a écrit
nous écrivons	nous avons écrit
vous écrivez	vous avez écrit
ils/elles écrivent	ils/elles ont écrit

imparfait	plus-que-parfait
j'écrivais	j'avais écrit
tu écrivais	tu avais écrit
il/elle écrivait	il/elle avait écrit
nous écrivions	nous avions écrit
vous écriviez	vous aviez écrit
ils/elles écrivaient	ils/elles avaient écrit

passé simple	passé antérieur
j'écrivis	j'eus écrit
tu écrivis	tu eus écrit
il/elle écrivit	il/elle eut écrit
nous écrivîmes	nous eûmes écrit
vous écrivîtes	vous eûtes écrit
ils/elles écrivirent	ils/elles eurent écrit

futur simple	futur antérieur
j'écrirai	j'aurai écrit
tu écriras	tu auras écrit
il/elle écrira	il/elle aura écrit
nous écrirons	nous aurons écrit
vous écrirez	vous aurez écrit
ils/elles écriront	ils/elles auront écrit

© Bien! Verbtabellen

conditionnel présent	conditionnel passé
j'écrirais	j'aurais écrit
tu écrirais	tu aurais écrit
il/elle écrirait	il/elle aurait écrit
nous écririons	nous aurions écrit
vous écririez	vous auriez écrit
ils/elles écriraient	ils/elles auraient écrit

subjonctif présent	subjonctif passé
j'écrive	j'aie écrit
tu écrives	tu aies écrit
il/elle écrive	il/elle ait écrit
nous écrivions	nous ayons écrit
vous écriviez	vous ayez écrit
ils/elles écrivent	ils/elles aient écrit

subjonctif imparfait	subjonctif plus-que-parfait
j'écrivisse	j'eusse écrit
tu écrivisses	tu eusses écrit
il/elle écrivît	il/elle eût écrit
nous écrivissions	nous eussions écrit
vous écrivissiez	vous eussiez écrit
ils/elles écrivissent	ils/elles eussent écrit

impératif présent	impératif passé
écris	aie écrit
écrivons	ayons écrit
écrivez	ayez écrit

infinitif présent	infinitif passé
écrire	avoir écrit

participe présent	participe passé
écrivant	écrit

gérondif présent	gérondif passé
en écrivant	en ayant écrit

82 confire

présent	passé composé
je confis	j'ai confit
tu confis	tu as confit
il/elle confit	il/elle a confit
nous confisons	nous avons confit
vous confisez	vous avez confit
ils/elles confisent	ils/elles ont confit

imparfait	plus-que-parfait
je confisais	j'avais confit
tu confisais	tu avais confit
il/elle confisait	il/elle avait confit
nous confisions	nous avions confit
vous confisiez	vous aviez confit
ils/elles confisaient	ils/elles avaient confit

passé simple	passé antérieur
je confis	j'eus confit
tu confis	tu eus confit
il/elle confit	il/elle eut confit
nous confîmes	nous eûmes confit
vous confîtes	vous eûtes confit
ils/elles confirent	ils/elles eurent confit

futur simple	futur antérieur
je confirai	j'aurai confit
tu confiras	tu auras confit
il/elle confira	il/elle aura confit
nous confirons	nous aurons confit
vous confirez	vous aurez confit
ils/elles confiront	ils/elles auront confit

conditionnel présent	conditionnel passé
je confirais	j'aurais confit
tu confirais	tu aurais confit
il/elle confirait	il/elle aurait confit
nous confirions	nous aurions confit
vous confiriez	vous auriez confit
ils/elles confiraient	ils/elles auraient confit

subjonctif présent	subjonctif passé
je confise	j'aie confit
tu confises	tu aies confit
il/elle confise	il/elle ait confit
nous confisions	nous ayons confit
vous confisiez	vous ayez confit
ils/elles confisent	ils/elles aient confit

subjonctif imparfait	subjonctif plus-que-parfait
je confisse	j'eusse confit
tu confisses	tu eusses confit
il/elle confît	il/elle eût confit
nous confissions	nous eussions confit
vous confissiez	vous eussiez confit
ils/elles confissent	ils/elles eussent confit

impératif présent	impératif passé
confis	aie confit
confisons	ayons confit
confisez	ayez confit

infinitif présent	infinitif passé
confire	avoir confit

participe présent	participe passé
confisant	confit

gérondif présent	gérondif passé
en confisant	en ayant confit

83 cuire

présent	passé composé
je cuis	j'ai cuit
tu cuis	tu as cuit
il/elle cuit	il/elle a cuit
nous cuisons	nous avons cuit
vous cuisez	vous avez cuit
ils/elles cuisent	ils/elles ont cuit

imparfait	plus-que-parfait
je cuisais	j'avais cuit
tu cuisais	tu avais cuit
il/elle cuisait	il/elle avait cuit
nous cuisions	nous avions cuit
vous cuisiez	vous aviez cuit
ils/elles cuisaient	ils/elles avaient cuit

passé simple	passé antérieur
je cuisis	j'eus cuit
tu cuisis	tu eus cuit
il/elle cuisit	il/elle eut cuit
nous cuisîmes	nous eûmes cuit
vous cuisîtes	vous eûtes cuit
ils/elles cuisirent	ils/elles eurent cuit

futur simple	futur antérieur
je cuirai	j'aurai cuit
tu cuiras	tu auras cuit
il/elle cuira	il/elle aura cuit
nous cuirons	nous aurons cuit
vous cuirez	vous aurez cuit
ils/elles cuiront	ils/elles auront cuit

conditionnel présent	conditionnel passé
je cuirais	j'aurais cuit
tu cuirais	tu aurais cuit
il/elle cuirait	il/elle aurait cuit
nous cuirions	nous aurions cuit
vous cuiriez	vous auriez cuit
ils/elles cuiraient	ils/elles auraient cuit

subjonctif présent	subjonctif passé
je cuise	j'aie cuit
tu cuises	tu aies cuit
il/elle cuise	il/elle ait cuit
nous cuisions	nous ayons cuit
vous cuisiez	vous ayez cuit
ils/elles cuisent	ils/elles aient cuit

subjonctif imparfait	subjonctif plus-que-parfait
je cuisisse	j'eusse cuit
tu cuisisses	tu eusses cuit
il/elle cuisît	il/elle eût cuit
nous cuissions	nous eussions cuit
vous cuissiez	vous eussiez cuit
ils/elles cuissent	ils/elles eussent cuit

impératif présent	impératif passé
cuis	aie cuit
cuisons	ayons cuit
cuisez	ayez cuit

infinitif présent	infinitif passé
cuire	avoir cuit

participe présent	participe passé
cuisant	cuit

gérondif présent	gérondif passé
en cuisant	en ayant cuit

84 boire

présent	passé composé
je bois	j'ai bu
tu bois	tu as bu
il/elle boit	il/elle a bu
nous buvons	nous avons bu
vous buvez	vous avez bu
ils/elles boivent	ils/elles ont bu

imparfait	plus-que-parfait
je buvais	j'avais bu
tu buvais	tu avais bu
il/elle buvait	il/elle avait bu
nous buvions	nous avions bu
vous buviez	vous aviez bu
ils/elles buvaient	ils/elles avaient bu

passé simple	passé antérieur
je bus	j'eus bu
tu bus	tu eus bu
il/elle but	il/elle eut bu
nous bûmes	nous eûmes bu
vous bûtes	vous eûtes bu
ils/elles burent	ils/elles eurent bu

futur simple	futur antérieur
je boirai	j'aurai bu
tu boiras	tu auras bu
il/elle boira	il/elle aura bu
nous boirons	nous aurons bu
vous boirez	vous aurez bu
ils/elles boiront	ils/elles auront bu

conditionnel présent	conditionnel passé
je boirais	j'aurais bu
tu boirais	tu aurais bu
il/elle boirait	il/elle aurait bu
nous boirions	nous aurions bu
vous boiriez	vous auriez bu
ils/elles boiraient	ils/elles auraient bu

subjonctif présent	subjonctif passé
je boive	j'aie bu
tu boives	tu aies bu
il/elle boive	il/elle ait bu
nous buvions	nous ayons bu
vous buviez	vous ayez bu
ils/elles boivent	ils/elles aient bu

subjonctif imparfait	subjonctif plus-que-parfait
je busse	j'eusse bu
tu busses	tu eusses bu
il/elle bût	il/elle eût bu
nous bussions	nous eussions bu
vous bussiez	vous eussiez bu
ils/elles bussent	ils/elles eussent bu

impératif présent	impératif passé
bois	aie bu
buvons	ayons bu
buvez	ayez bu

infinitif présent	infinitif passé
boire	avoir bu

participe présent	participe passé
buvant	bu

gérondif présent	gérondif passé
en buvant	en ayant bu

A

abaisser	7	accaparer	7
abandonner	7	accastiller	7
abasourdir	20	accéder	11
abâtardir	20	accélérer	11
abattre	56	accentuer	7
abcéder	11	accepter	7
abdiquer	7	accessoiriser	7
aberrer	7	accidenter	7
abêtir	20	acclamer	7
abhorrer	7	acclimater	7
abîmer	7	accoler	7
abjurer	7	accommoder	7
ablater	7	accompagner	7
abloquer	7	accomplir	20
abolir	20	accorder	7
abominer	7	accorer	7
abonder	7	accoster	7
abonner	7	accoter	7
abonnir	20	accoucher	7
aborder	7	accouer	7
aboucher	7	accoupler	7
abouler	7	accourcir	20
abouter	7	accourir	33
aboutir	20	accoutrer	7
aboyer	18	accoutumer	7
abraser	7	accréditer	7
abréger	15	accrocher	7
abreuver	7	accroire	*
abricoter	7	accroître	69
abriter	7	accueillir	28
abroger	9	acculer	7
absorber	7	acculturer	7
absorber	7	accumuler	7
absoudre	73	accuser	7
abstraire	62	acenser	7
abuser	7	acérer	11
accabler	7	acétifier	16

© Bien! Verbtabellen

acétyler	7	adultérer	11
achalander	7	advenir	23
acharner	7	adverbialiser	7
acheminer	7	aérer	11
acheter	13	affabuler	7
achever	10	affadir	20
achopper	7	affaiblir	20
achromatiser	7	affaisser	7
acidifier	16	affaler	7
aciduler	7	affamer	7
aciérer	11	afféager	9
aciseler	13	affecter	7
acquérir	24	affectionner	7
acquiescer	8	afférer	11
acquitter	7	affermer	7
acter	7	affermir	20
actionner	7	afficher	7
activer	7	affiler	7
actualiser	7	affilier	16
adapter	7	affiner	7
additionner	7	affirmer	7
adhérer	11	affleurer	7
adirer	7	affliger	9
adjectiver	7	afflouer	7
adjectiviser	7	affluer	7
adjoindre	59	affoler	7
adjuger	9	affouager	9
adjurer	7	affouiller	7
admettre	57	affourcher	7
administrer	7	affourrager	9
admirer	7	affranchir	20
admonester	7	affréter	11
adonner	7	affriander	7
adopter	7	affricher	7
adorer	7	affrioler	7
adosser	7	affronter	7
adouber	7	affubler	7
adoucir	20	affurer	7
adresser	7	affûter	7
aduler	7	africaniser	7

© Bien! Verbtabellen

agacer	8	alarmer	7
agencer	8	alcaliniser	7
agglomérer	11	alcaliser	7
agglutiner	7	alcooliser	7
aggraver	7	alentir	20
agioter	7	alerter	7
agir	10	aléser	11
agiter	7	aleviner	7
agneler	12	aliéner	11
agonir	20	aligner	7
agoniser	7	alimenter	7
agrafer	7	aliter	7
agrandir	20	allaiter	7
agréer	14	allécher	11
agréger	15	alléger	15
agrémenter	7	allégir	20
agresser	7	allégoriser	7
agricher	7	alléguer	11
agripper	7	**aller**	22
aguerrir	20	allier	16
aguicher	7	allonger	9
ahaner	7	allouer	7
ahurir	20	allumer	7
aicher	7	alluvionner	7
aider	7	alourdir	20
aigrir	20	alpaguer	7
aiguiller	7	alphabétiser	7
aiguilleter	12	altérer	11
aiguillonner	7	alterner	7
aiguiser	7	aluminer	7
ailler	7	aluner	7
aimanter	7	alunir	20
aimer	7	amadouer	7
airer	7	amaigrir	20
ajointer	7	amalgamer	7
ajourer	7	amariner	7
ajouter	7	amarrer	7
ajuster	7	amasser	7
alambiquer	7	amatir	20
alanguir	20	ambitionner	7

ambler	7	aniser	7
ambrer	7	ankyloser	7
améliorer	7	anneler	12
aménager	9	annexer	7
amender	7	annihiler	7
amener	10	annoncer	8
amenuiser	7	annoter	7
américaniser	7	annualiser	7
amerrir	20	annuler	7
ameublir	20	anoblir	20
ameuter	7	anodiser	7
amidonner	7	ânonner	7
amincir	20	anordir	20
amnistier	16	antéposer	7
amocher	7	anticiper	7
amodier	16	antidater	7
amoindrir	20	aoûter	7
amollir	20	apaiser	7
amonceler	12	apercevoir	39
amorcer	8	apeurer	7
amordancer	8	apiquer	7
amortir	20	apitoyer	18
amplifier	16	aplanir	20
amputer	7	aplatir	20
amurer	7	apostasier	16
amuser	7	aposter	7
analgésier	16	apostiller	7
analyser	7	apostropher	7
anastomoser	7	appairer	7
anathématiser	7	apparaître	65
ancrer	7	appareiller	7
anéantir	20	apparenter	7
anémier	16	apparier	16
anesthésier	16	apparoir	*
anglaiser	7	appartenir	24
angliciser	7	appâter	7
angoisser	7	appauvrir	20
anhéler	11	appeler	12
animaliser	7	appendre	54
animer	7	appertiser	7

appesantir	20	aromatiser	7
appéter	11	arpéger	15
applaudir	20	arpenter	7
appliquer	7	arquebuser	7
appointer	7	arquepincer	8
appointir	20	arquer	7
apponter	7	arracher	7
apporter	7	arraisonner	7
apposer	7	arranger	9
apprécier	16	arrenter	7
appréhender	7	arrérager	9
apprendre	55	arrêter	7
apprêter	7	arriérer	7
apprivoiser	7	arrimer	7
approcher	7	arriser	7
approfondir	20	arriver	7
approprier	16	arrondir	20
approuver	7	arroser	7
approvisionner	7	articuler	7
appuyer	18	ascensionner	7
apurer	7	aseptiser	7
arabiser	7	aspecter	7
araser	7	asperger	9
arbitrer	7	asphalter	7
arborer	7	asphyxier	16
arboriser	7	aspirer	7
arc-bouter	7	assagir	20
archaïser	7	**assaillir**	29
architecturer	7	assainir	20
archiver	7	assaisonner	7
arçonner	7	assarmenter	7
ardoiser	7	assassiner	7
argenter	7	assavoir	*
argougner	7	assécher	11
arguer	7	assembler	7
argumenter	7	assener	10
ariser	7	asséner	11
armer	7	**asseoir**	46,47
armorier	16	assermenter	7
arnaquer	7	asservir	20

© Bien! Verbtabellen

assibiler	7	attirer	7
assiéger	15	attiser	7
assigner	7	attitrer	7
assimiler	7	attraper	7
assister	7	attribuer	7
associer	16	attriquer	7
assoiffer	7	attrister	7
assoler	7	attrouper	7
assombrir	20	auditionner	7
assommer	7	augmenter	7
assoner	7	augurer	7
assortir	20	auréoler	7
assoupir	20	aurifier	16
assouplir	20	ausculter	7
assourdir	20	authentifier	16
assouvir	20	authentiquer	7
assujettir	20	autofinancer	8
assumer	7	autographier	16
assurer	7	automatiser	7
asticoter	7	autopsier	16
astiquer	7	autoriser	7
astreindre	58	avachir	20
atermoyer	18	avaler	7
atomiser	7	avaliser	7
atrophier	16	avancer	8
attabler	7	avantager	9
attacher	7	avarier	16
attaquer	7	avenir	23
atteindre	58	aventurer	7
atteler	12	avérer	11
attendre	54	avertir	20
attendrir	20	aveugler	7
attenter	7	aveulir	20
atténuer	7	avilir	20
atterrer	7	aviner	7
atterrir	20	aviser	7
attester	7	avitailler	7
attiédir	20	aviver	7
attifer	7	**avoir**	2
attiger	9	avoisiner	7

© Bien! Verbtabellen

avorter	7	s'autodéterminer	7
avouer	7	s'acagnarder	7
avoyer	19	s'aheurter	7
axer	7	s'arsouiller	7
axiomatiser	7	s'attarder	7
azimuter	7	s'autodétruire	83
azurer	7		

B

bâcher	7	baleiner	7
bachoter	7	baliser	7
bâcler	7	balkaniser	7
bader	7	ballaster	7
badigeonner	7	baller	7
badiner	7	ballonner	7
baffer	7	ballotter	7
bafouer	7	balluchonner	7
bafouiller	7	bambocher	7
bâfrer	7	banaliser	7
bagarrer	7	bancher	7
bagoter	7	bander	7
bagotter	7	banner	7
bagouler	7	bannir	20
baguenauder	7	banquer	7
baguer	7	banqueter	12
baigner	7	baptiser	7
bailler	7	baqueter	12
bâiller	7	baragouiner	7
bâillonner	7	baraquer	7
baiser	7	baratiner	7
baisser	7	baratter	7
balader	7	barber	7
balafrer	7	barbifier	16
balancer	8	barboter	7
balanstiquer	7	barbouiller	7
balayer	17	barder	7
balbutier	16	baréter	11

© Bien! Verbtabellen

barguigner	7	bêler	7
barioler	7	bémoliser	7
barjaquer	7	bénéficier	16
baronner	7	bénir	20
barouder	7	béquer	11
barrer	7	béqueter	12
barricader	7	béquiller	7
barrir	20	bercer	8
basaner	7	berner	7
basculer	7	besogner	7
baser	7	bêtifier	16
bassiner	7	bêtiser	7
bastillonner	7	bétonner	7
bastionner	7	beugler	7
bastonner	7	beurrer	7
batailler	7	biaiser	7
bateler	12	bibarder	7
bâter	7	bibeloter	7
batifoler	7	biberonner	7
bâtir	20	bicher	7
bâtonner	7	bichonner	7
battre	56	bichoter	7
bauger	9	bidonner	7
bavarder	7	bienvenir	7
bavasser	7	biffer	7
baver	7	bifurquer	7
bavocher	7	bigarrer	7
bayer	17	bigler	7
bazarder	7	bigophoner	7
béatifier	16	bigorner	7
bêcher	7	billebauder	7
bêcheveter	13	biller	7
bécoter	7	billonner	7
becquer	7	biloquer	7
becqueter	12	biner	7
becter	7	biologiser	7
bedonner	7	biscuiter	7
béer	14	biseauter	7
bégayer	17	bisegmenter	7
bégueter	13	biser	7

© Bien! Verbtabellen

bisquer	7	bolcheviser	7
bisser	7	bombarder	7
bistourner	7	bomber	7
bistrer	7	bonder	7
biter	7	bondériser	7
bitter	7	bondir	20
bitturer	7	bondonner	7
bitumer	7	bonifier	16
bituminer	7	bonimenter	7
bivouaquer	7	border	7
bizuter	7	bordurer	7
blablater	7	borner	7
blackbouler	7	bornoyer	18
blaguer	7	bosseler	12
blairer	7	bosser	7
blâmer	7	bossuer	7
blanchir	20	bostonner	7
blaser	7	botaniser	7
blasonner	7	botteler	12
blasphémer	11	botter	7
blatérer	11	bottiner	7
blêmir	20	boubouler	7
bléser	11	boucaner	7
blesser	7	boucharder	7
blettir	20	boucher	7
bleuir	20	bouchonner	7
bleuter	7	boucler	7
blinder	7	bouder	7
blondir	18	boudiner	7
blondoyer	7	bouffer	7
bloquer	7	bouffir	20
blouser	7	bouffonner	7
bluffer	7	bouger	9
bluter	7	bougonner	7
bobiner	7	**bouillir**	31
bocarder	7	bouillonner	7
boire	84	bouillotter	7
boiser	7	boulanger	9
boiter	7	bouler	7
boitiller	7	bouleverser	7

bouliner	7	brayer	17
boulocher	7	bredouiller	7
boulonner	7	brêler	7
boulotter	7	brésiller	7
boumer	7	bretteler	12
bouquiner	7	bretter	7
bourder	7	breveter	12
bourdonner	7	bricoler	7
bourgeonner	7	brider	7
bourlinguer	7	bridger	9
bourreler	12	briefer	7
bourrer	7	briffer	7
boursicoter	7	brigander	7
boursouffler	7	briguer	7
bousculer	7	brillanter	7
bousiller	7	brillantiner	7
boustifailler	7	briller	7
bouter	7	brimbaler	7
boutonner	7	brimer	7
bouturer	7	bringuebaler	7
boxer	7	brinqueballer	7
boycotter	7	briocher	7
braconner	7	briquer	7
brader	7	briqueter	12
brailler	7	briser	7
braire	62	broadcaster	7
braiser	7	brocanter	7
bramer	7	brocarder	7
brancarder	7	brocher	7
brancher	7	broder	7
brandiller	7	broncher	7
brandir	20	bronzer	7
branler	7	brosser	7
branlocher	7	brouetter	7
braquer	7	brouillasser	7
braser	7	brouiller	7
brasiller	7	brouillonner	7
brasser	7	brouter	7
brasseyer	17	**broyer**	18
braver	7	bruiner	7

bruire	20	budgéter	7
bruisser	7	budgétiser	7
bruiter	7	buller	7
brûler	7	bureaucratiser	7
brumasser	7	buriner	7
brunir	20	buter	7
brusquer	7	butiner	7
brutaliser	7	butter	7
bûcher	7	buvoter	7

C

cabaler	7	cailler	7
cabaner	7	cailleter	12
câbler	7	caillouter	7
cabosser	7	cajoler	7
caboter	7	calamistrer	7
cabotiner	7	calancher	7
cabrer	7	calandrer	7
cabrioler	7	calciner	7
cacaber	7	calculer	7
cacarder	7	caler	7
cacher	7	caleter	13
cacheter	12	calfater	7
cachetonner	7	calfeutrer	7
cadastrer	7	calibrer	7
cadenasser	7	câliner	7
cadencer	8	calligraphier	16
cadrer	7	calmer	7
cafarder	7	calmir	20
cafeter	7	calomnier	16
cafouiller	7	calorifuger	9
cafter	7	calotter	7
cagnarder	7	calquer	7
cagner	7	calter	7
caguer	7	cambrer	7
cahoter	7	cambrioler	7
caillebotter	7	cambuter	7

cameloter	7	carboniser	7
camionner	7	carburer	7
camoufler	7	carcailler	7
camper	7	carder	7
canaliser	7	carencer	8
canarder	7	caréner	11
cancaner	7	caresser	7
cancériser	7	carguer	7
caner	7	caricaturer	7
canneler	12	carier	16
canner	7	carillonner	7
cannibaliser	7	carmer	7
canoniser	7	carminer	7
canonner	7	carotter	7
canoter	7	caroubler	7
cantonner	7	carreler	12
canuler	7	carrer	7
caoutchouter	7	carrosser	7
caparaçonner	7	carroyer	18
capéer	14	carter	7
capeler	12	cartonner	7
capeyer	17	cascader	7
capitaliser	7	caséifier	16
capitonner	7	casemater	7
capituler	7	caser	7
caponner	7	caserner	7
caporaliser	7	casquer	7
capoter	7	casse-croûter	7
capsuler	7	casser	7
capter	7	castagner	7
captiver	7	castrer	7
capturer	7	cataloguer	7
capuchonner	7	catalyser	7
caquer	7	catapulter	7
caqueter	12	catastropher	7
caracoler	7	catcher	7
caractériser	7	catéchiser	7
caramboler	7	catir	20
caraméliser	7	cauchemarder	7
carbonater	7	causer	7

cautériser	7	chanfreiner	7
cautionner	7	changer	9
cavalcader	7	chansonner	7
cavaler	7	chanstiquer	7
caver	7	chanter	7
caviarder	7	chantonner	7
céder	11	chantourner	7
ceindre	58	chaparder	7
ceinturer	7	chapeauter	7
célébrer	11	chapeler	12
celer	13	chaperonner	7
cémenter	7	chapitrer	7
cendrer	7	chaponner	7
censurer	7	chaptaliser	7
centraliser	7	charbonner	7
centrer	7	charcuter	7
centrifuger	9	charger	9
centupler	7	chariboter	7
cercler	7	charmer	7
cerner	7	charpenter	7
certifier	16	charrier	16
césariser	7	charroyer	18
cesser	7	chartériser	7
chabler	7	chasser	7
chagriner	7	châtaigner	7
chahuter	7	châtier	16
chaîner	7	chatonner	7
challenger	9	chatouiller	7
chaloir	*	chatoyer	18
chalouper	7	châtrer	7
chamailler	7	chauffer	7
chamarrer	7	chauler	7
chambarder	7	chaumer	7
chambouler	7	chausser	7
chambrer	7	chauvir	20
chamoiser	7	chavirer	7
champagniser	7	chelinguer	7
champlever	10	cheminer	7
chanceler	12	chemiser	7
chancir	20	chercher	7

chérer	11	chromer	7
chérir	20	chroniquer	7
cherrer	7	chronométrer	11
chevaler	7	chroumer	7
chevaucher	7	chuchoter	7
cheviller	7	chuinter	7
chevreter	12	chuter	7
chevronner	7	cibler	7
chevroter	7	cicatriser	7
chiader	7	ciller	7
chialer	7	cimenter	7
chicaner	7	cinématographier	16
chicoter	7	cingler	7
chienner	7	cintrer	7
chiffrer	7	circoncire	82
chigner	7	circonscrire	81
chiner	7	circonstancier	16
chinoiser	7	circonvenir	23
chiper	7	circuler	7
chipoter	7	cirer	7
chiquer	7	cisailler	7
chirographier	16	ciseler	13
chlinguer	7	citer	7
chlorer	7	civiliser	7
chloroformer	7	clabauder	7
chlorurer	7	claboter	7
choir	51	claironner	7
choisir	20	clamecer	7
chômer	7	clamer	7
choper	7	clamper	7
chopiner	7	clamser	7
chopper	7	claper	7
choquer	7	clapir	20
chorégraphier	16	clapoter	7
chosifier	16	clapper	7
chouchouter	7	clapser	7
chouraver	7	claquemurer	7
chouriner	7	claquer	7
choyer	18	clarifier	16
christianiser	7	classer	7

© Bien! Verbtabellen

classifier	16	cogner	7
claudiquer	7	cohabiter	7
claustrer	7	cohériter	7
claver	7	coiffer	7
clavetter	12	coincer	8
clayonner	7	coïncider	7
clicher	7	coïter	7
cligner	7	cokéfier	16
clignoter	7	collaborer	7
climatiser	7	collapser	7
cliquer	7	collationner	7
cliqueter	12	collecter	12
clisser	7	collecter	7
cliver	7	collectionner	7
clochardiser	7	collectiviser	7
clocher	7	coller	7
cloisonner	7	colliger	9
cloîtrer	7	colloquer	7
cloner	7	colmater	7
clopiner	7	coloniser	7
cloquer	7	colorer	7
clore	71	colorier	16
clôturer	7	coloriser	7
clouer	7	colporter	7
clouter	7	coltiner	7
coaguler	7	combattre	56
coaliser	7	combiner	7
coasser	7	combler	7
cocher	7	commander	7
côcher	7	commanditer	7
cochonner	7	commémorer	7
cocotter	7	commencer	8
cocufier	16	commenter	7
coder	7	commercer	8
codifier	16	commercialiser	7
coéditer	7	commérer	11
coexister	7	commettre	57
coffrer	7	commissionner	7
cogérer	11	commotionner	7
cogiter	7	commuer	7

communaliser	7	concilier	16
communier	16	**conclure**	72
communiquer	7	concocter	7
commuter	7	concorder	7
compacter	7	concourir	33
comparaître	65	concréter	11
comparer	7	concrétiser	7
comparoir	*	concurrencer	8
compartimenter	7	condamner	7
compasser	7	condenser	7
compenser	7	condescendre	54
compéter	11	conditionner	7
compiler	7	conduire	83
compisser	7	confectionner	7
complaire	64	confédérer	11
compléter	11	conférer	11
complexer	7	confesser	7
complexifier	16	confier	16
complimenter	7	configurer	7
compliquer	7	confiner	7
comploter	7	**confire**	82
comporter	7	confirmer	7
composer	7	confisquer	7
composter	7	confluer	7
comprendre	55	confondre	54
compresser	7	conformer	7
comprimer	7	conforter	7
compromettre	57	confronter	7
comptabiliser	7	congédier	16
compter	7	congeler	13
compulser	7	congestionner	7
computer	7	conglomérer	11
concasser	7	conglutiner	7
concéder	11	congratuler	7
concélébrer	11	congréer	14
concentrer	7	conjecturer	7
conceptualiser	7	conjoindre	59
concerner	7	conjuguer	7
concerter	7	conjurer	7
concevoir	39	**connaître**	65

© Bien! Verbtabellen

connecter	7	contourner	7
connoter	7	contracter	7
conobrer	7	contractualiser	7
conquérir	24	contracturer	7
consacrer	7	contraindre	60
conscientiser	7	contrarier	16
conseiller	7	contraster	7
consentir	25	contre-attaquer	7
conserver	7	contrebalancer	8
considérer	11	contrebattre	56
consigner	7	contrebouter	7
consister	7	contrebraquer	7
consoler	7	contrebuter	7
consolider	7	contrecarrer	7
consommer	7	contredire	79
consoner	7	contrefaire	63
conspirer	7	contre-indiquer	7
conspuer	7	contremander	7
constater	7	contre-manifester	7
consteller	7	contremarquer	7
consterner	7	contre-miner	7
constiper	7	contre-murer	7
constituer	7	contre-passer	7
constitutionnaliser	7	contre-plaquer	7
construire	83	contrer	7
consulter	7	contre-sceller	7
consumer	7	contresigner	7
contacter	7	contre-tirer	7
contagionner	7	contrevenir	23
containeriser	7	contribuer	7
contaminer	7	contrister	7
contempler	7	contrôler	7
conteneuriser	7	controuver	7
contenir	23	controverser	7
contenter	7	contusionner	7
conter	7	convaincre	61
contester	7	convenir	23
contingenter	7	conventionner	7
continuer	7	converger	9
contorsionner	7	converser	7

convertir	20	costumer	7
convier	16	coter	7
convivialiser	7	cotir	20
convoiter	7	cotiser	7
convoler	7	cotonner	7
convoquer	7	côtoyer	18
convoyer	18	couchailler	7
convulser	7	coucher	7
convulsionner	7	couder	7
coopérer	11	coudoyer	18
coopter	7	**coudre**	74
coordonner	7	couillonner	7
copermuter	7	couiner	7
copier	16	couler	7
copiner	7	coulisser	7
coposséder	7	coupailler	7
coproduire	83	coupeller	7
copuler	7	couper	7
coquer	7	coupler	7
coquer	7	courailler	7
coqueter	12	courbaturer	7
coquiller	7	courber	7
cordeler	12	**courir**	33
corder	7	couronner	7
cordonner	7	courre	*
cornaquer	7	courroucer	8
corner	7	courser	8
correctionnaliser	7	courtauder	8
corréler	11	court-circuiter	8
correspondre	54	courtiser	8
corriger	9	cousiner	8
corroborer	7	coûter	8
corroder	7	couturer	8
corrompre	54	couver	8
corroyer	18	**couvrir**	27
corser	7	cracher	7
corseter	13	crachiner	7
cosigner	7	crachoter	7
cosmétiquer	7	crachouiller	7
cosser	7	crailler	7

craindre	60	crisper	7
cramer	7	crisser	7
cramponner	7	cristalliser	7
crampser	7	criticailler	7
cramser	7	critiquer	7
craner	7	croasser	7
crâner	7	crocher	7
cranter	7	crocheter	13
crapahuter	7	**croire**	70
crapahuter	7	croiser	7
crapoter	7	**croître**	69
crapuler	7	crônir	20
craqueler	12	croquer	7
craquer	7	crosser	7
craqueter	12	crotter	7
crasser	7	crouler	7
cravacher	7	croupionner	7
cravater	7	croupir	20
crawler	7	croustiller	7
crayonner	7	croûter	7
crécher	11	crucifier	16
crédibiliser	7	crypter	7
créditer	7	cryptographier	16
créer	14	cuber	7
crémer	11	**cueillir**	28
créneler	12	cuirasser	7
créner	11	**cuire**	83
créoliser	7	cuisiner	7
créosoter	7	cuivrer	7
crêper	7	culbuter	7
crépir	20	culer	7
crépiter	7	culminer	7
crétiniser	7	culotter	7
creuser	7	culpabiliser	7
crevasser	7	cultiver	7
crever	10	cumuler	7
criailler	7	curer	7
cribler	7	cureter	12
crier	16	cuveler	12
criminaliser	7	cuver	7

cyanoser	7	se contreficher	7
cylindrer	7	se contrefoutre	54
se calaminer	7	se crasher	7
se camer	7	se croûtonner	7
se carapater	7	se cuiter	7
se carnifier	16		

D

dactylographier	16	débarrasser	7
daguer	7	débarrer	7
daigner	77	débâter	7
daller	7	débâtir	20
damasquiner	7	débattre	56
damasser	7	débaucher	7
damer	7	débecqueter	12
damner	7	débecter	7
dandiner	7	débiliter	7
danser	7	débillarder	7
dansotter	7	débiner	7
darder	7	débiter	7
dater	7	déblatérer	11
dauber	7	déblayer	17
déactiver	7	débleuir	20
dealer	7	débloquer	7
déambuler	7	débobiner	7
débâcher	7	déboguer	7
débâcler	7	déboiser	7
débagouler	7	déboîter	7
déballer	7	débonder	7
déballonner	7	déborder	7
débalourder	7	déborquer	7
débanaliser	7	débosseler	12
débander	7	débotter	7
débaptiser	7	déboucher	7
débarbouiller	7	déboucler	7
débarder	7	débouder	7
débarquer	7	débouillir	31

débouler	7	décapsuler	7
déboulonner	7	décapuchonner	7
débourber	7	décarburer	7
débourrer	7	décarcasser	7
débourser	7	décarreler	12
déboussoler	7	décarrer	7
débouter	7	décartonner	7
déboutonner	7	décatir	20
débraguetter	7	décaver	7
débrancher	7	décéder	11
débrayer	17	déceler	13
débrider	7	décélérer	11
débriefer	7	décentraliser	7
débrocher	7	décentrer	7
débrouiller	7	décercler	7
débroussailler	7	décérébrer	7
débucher	7	décerner	7
débudgétiser	7	décerveler	12
débugger	7	décesser	7
débuller	7	décevoir	39
débureaucratiser	7	déchagriner	7
débusquer	7	déchaîner	7
débuter	7	déchanter	7
décacheter	12	déchaper	7
décadenasser	7	déchaperonner	7
décaféiner	7	décharger	9
décaisser	7	décharner	7
décalaminer	7	déchaumer	7
décalcifier	16	déchausser	7
décaler	7	décheviller	7
décalotter	7	déchevrer	7
décalquer	7	déchiffonner	7
décamper	7	déchiffrer	7
décaniller	7	déchiqueter	12
décanter	7	déchirer	7
décapeler	12	déchlorurer	7
décaper	7	**déchoir**	53
décapitaliser	7	déchormer	7
décapiter	7	déchristianiser	7
décapoter	7	décider	7

décimaliser	7	déconstiper	7
décimer	7	déconstruire	83
décintrer	7	décontaminer	77
déclamer	7	décontenancer	8
déclarer	7	décontracter	7
déclasser	7	décorder	7
déclaveter	12	décorer	7
déclencher	7	décorner	7
décléricaliser	7	décortiquer	7
décliner	7	découcher	7
décliqueter	12	découdre	74
décloisonner	7	découler	7
déclore	71	découper	7
déclouer	7	découpler	7
décocher	7	décourager	9
décoder	7	découronner	7
décoffrer	7	découvrir	27
décoiffer	7	décramponner	7
décolérer	11	décrasser	7
décollecter	12	décrédibiliser	7
décoller	7	décréditer	7
décoloniser	7	décrêper	7
décolorer	7	décrépir	20
décommander	7	décrépiter	7
décommettre	57	décréter	11
décommuniser	7	décreuser	7
décomplexer	7	décrier	16
décomposer	7	décriminaliser	7
décompresser	7	décrire	81
décomprimer	7	décrisper	7
décompter	7	décrocher	7
déconcentrer	7	décroiser	7
déconcerter	7	décroître	69
déconditionner	7	décrotter	7
déconfire	82	décroûter	7
décongeler	13	décruer	7
déconnecter	7	décruser	7
déconner	7	décrypter	7
déconseiller	7	décuire	83
déconsidérer	11	décuivrer	7

déculasser	7	déflaquer	7
déculotter	7	défléchir	20
déculpabiliser	7	défleurir	20
décupler	7	déflorer	7
décuver	7	défolier	16
dédaigner	7	défoncer	8
dédicacer	8	déformer	7
dédier	16	défouler	7
dédire	79	défourailler	7
dédommager	9	défourner	7
dédorer	7	défourrer	7
dédouaner	7	défraîchir	20
dédoubler	7	défranciser	7
dédramatiser	7	défrayer	17
déduire	83	défretter	7
défaillir	29	défricher	7
défaire	63	défringuer	7
défalquer	7	défriper	7
défarder	7	défriser	7
défatiguer	7	défroisser	7
défaufiler	7	défroncer	8
défausser	7	défroquer	7
défavoriser	7	défruiter	7
défendre	54	dégager	9
défenestrer	7	dégainer	7
déféquer	11	dégalonner	7
déférer	11	déganter	7
déferler	7	dégarnir	20
déferrer	7	dégasoliner	7
défeuiller	7	dégauchir	20
défeutrer	7	dégazer	7
défibrer	7	dégazoliner	7
déficeler	12	dégazonner	7
déficher	7	dégeler	13
défier	16	dégénérer	11
défigurer	7	dégermer	7
défiler	7	dégingander	7
définir	20	dégîter	7
défiscaliser	7	dégivrer	7
déflagrer	7	déglacer	7

déglinguer	7	déifier	16
dégluer	7	déjanter	7
déglutir	20	déjauger	9
dégobiller	7	déjaunir	20
dégoiser	7	déjeter	12
dégommer	7	déjeuner	7
dégonder	7	déjouer	7
dégonfler	7	déjucher	7
dégorger	9	délabialiser	7
dégoter	7	délabrer	7
dégotter	7	délabyrinther	7
dégoudronner	7	délacer	8
dégouliner	7	délainer	7
dégoupiller	7	délaisser	7
dégourdir	20	délaiter	7
dégoûter	7	délarder	7
dégoutter	7	délasser	7
dégrader	7	délatter	7
dégrafer	7	délaver	7
dégraisser	7	délayer	17
dégravoyer	18	déléaturer	7
dégréer	14	délecter	7
dégrever	10	délégitimer	7
dégringoler	7	déléguer	11
dégripper	7	délester	7
dégriser	7	délibérer	11
dégrosser	7	délier	16
dégrossir	20	délignifier	16
déguerpir	20	délimiter	7
dégueulasser	7	délinéer	14
dégueuler	7	délirer	7
déguiser	7	délisser	7
dégurgiter	7	déliter	7
déguster	7	délivrer	7
déhaler	7	délocaliser	7
déhancher	7	déloger	9
déharder	7	déloquer	7
déharnacher	7	délover	7
déhotter	7	délurer	7
déhouiller	7	délustrer	7

déluter	7	démoder	7
démaçonner	7	démoduler	7
démagnétiser	7	démolir	20
démaigrir	20	démonétiser	7
démailler	7	démonter	7
démailloter	7	démontrer	7
démancher	7	démoraliser	7
demander	7	démordre	54
démanger	9	démotiver	7
démanteler	13	démoucheter	12
démantibuler	7	démouler	7
démaquiller	7	démouscailler	7
démarcher	7	démoustiquer	7
démarier	16	démultiplier	16
démarquer	7	démunir	20
démarrer	7	démurer	7
démascler	7	démurger	9
démasquer	7	démuseler	12
démastiquer	7	démystifier	16
démâter	7	démythifier	16
dématérialiser	7	dénasaliser	7
démazouter	7	dénationaliser	7
démédicaliser	7	dénatter	7
démêler	7	dénaturaliser	7
démembrer	7	dénaturer	7
déménager	9	dénazifier	16
démener	10	dénébuler	7
démentir	25	dénébuler	7
démériter	7	déneiger	9
déméthaniser	7	dénerver	7
démettre	57	déniaiser	7
démeubler	7	dénicher	7
demeurer	7	dénickeler	7
démieller	7	dénicotiniser	7
démilitariser	7	dénier	16
déminer	7	dénigrer	7
déminéraliser	7	dénitrer	7
démissionner	7	dénitrifier	16
démobiliser	7	déniveler	12
démocratiser	7	dénombrer	7

dénommer	7	dépeupler	7
dénoncer	8	déphaser	7
dénoter	7	déphosphorer	7
dénouer	7	dépiauter	7
dénoyauter	7	dépiler	7
dénoyer	18	dépingler	7
densifier	16	dépiquer	7
denteler	12	dépiter	7
dénucléariser	7	dépiter	7
dénuder	7	déplacer	8
dépailler	7	déplafonner	7
dépalisser	7	déplaire	64
dépanner	7	déplanquer	7
dépaqueter	12	déplanter	7
déparaffiner	7	déplâtrer	7
déparasiter	7	déplier	16
dépareiller	7	déplisser	7
déparer	7	déplomber	7
déparier	16	déplorer	7
déparler	7	déployer	18
départager	9	déplumer	7
départementaliser	7	dépoétiser	7
départir	25	dépointer	7
dépasser	7	dépolariser	7
dépassionner	7	dépolir	20
dépatouiller	7	dépolitiser	7
dépatrier	16	dépolluer	7
dépaver	7	dépolymériser	7
dépayser	7	déposer	7
dépecer	8	déposséder	11
dépêcher	7	dépoter	7
dépeigner	7	dépoudrer	7
dépeindre	58	dépouiller	7
dépelotonner	7	dépourvoir	41
dépénaliser	7	dépoussiérer	11
dépendre	54	dépraver	7
dépenser	7	déprécier	16
dépérir	20	dépressuriser	7
dépersonnaliser	7	déprimer	7
dépêtrer	7	dépriser	7

déprogrammer	7	désaciérer	7
déprolétariser	7	désacraliser	7
dépropaniser	7	désactiver	7
déprotéger	15	désadapter	7
dépuceler	12	désaérer	11
dépurer	7	désaffecter	7
déqualifier	16	désaffilier	16
déquiller	7	désagencer	8
déraciner	7	désagrafer	7
dérader	7	désagréger	15
dérager	9	désaimanter	7
déraidir	20	désajuster	7
dérailler	7	désaliéner	11
déraisonner	7	désaligner	7
déramer	7	désalper	7
déranger	9	désaltérer	11
déraper	7	désamarrer	7
déraser	7	désambiguïser	7
dérater	7	désamianter	7
dératiser	7	désamidonner	7
dérayer	17	désamorcer	8
déréaliser	7	désannexer	7
dérégler	11	désaper	7
déresponsabiliser	7	désapparier	16
dérider	7	désappointer	7
dériver	7	désapprendre	55
dérober	7	désapprouver	7
dérocher	7	désapprovisionner	7
déroder	7	désarçonner	7
déroger	9	désargenter	7
dérougir	20	désarmer	7
dérouiller	7	désarrimer	7
dérouler	7	désarticuler	7
dérouter	7	désassembler	7
désabonner	7	désassimiler	7
désabuser	7	désassortir	20
désacclimater	7	désatomiser	7
désaccorder	7	désavantager	9
désaccoupler	7	désaveugler	7
désaccoutumer	7	désavouer	7

désaxer	7	désensabler	7
desceller	7	désensibiliser	7
descendre	54	désensorceler	12
déséchouer	7	désentoiler	7
désectoriser	7	désentortiller	7
désembobiner	7	désentraver	7
désembourber	7	désenvaser	7
désembourgeoiser	7	désenvelopper	7
désembouteiller	7	désenvenimer	7
désembrayer	17	désenverguer	7
désembuer	7	désenvoûter	7
désemmancher	7	désépaissir	20
désemparer	7	déséquilibrer	7
désempeser	10	déséquiper	7
désemplir	20	déserter	7
désemprisonner	7	désespérer	11
désencadrer	7	désétablir	20
désencarter	7	désétamer	7
désenchaîner	7	désétatiser	7
désenchanter	7	désexciter	7
désenclaver	7	désexualiser	7
désencombrer	7	déshabiller	7
désencrasser	7	déshabituer	7
désendetter	7	désherber	7
désénerver	7	déshériter	7
désenfiler	7	déshonorer	7
désenflammer	7	déshuiler	7
désenfler	7	déshumaniser	7
désenfumer	7	déshumidifier	16
désengager	9	déshydrater	7
désengluer	7	déshydrogéner	11
désengorger	9	désigner	7
désengourdir	20	désillusionner	7
désengrener	10	désincarner	7
désenivrer	7	désincorporer	7
désenlacer	8	désincruster	7
désenlaidir	20	désinculper	7
désennuyer	18	désindexer	7
désenrhumer	7	désindustrialiser	7
désenrouer	7	désinfecter	7

désinformer	7	dessoler	7
désinhiber	11	dessouder	7
désinsectiser	7	dessoûler	7
désintégrer	11	dessuinter	7
désintégrer	11	déstabiliser	7
désintéresser	7	destiner	7
désintoxiquer	7	destituer	7
désinvestir	20	déstocker	7
désinviter	7	déstructurer	7
désirer	7	désulfiter	7
désobéir	20	désulfurer	7
désobliger	9	désunir	20
désobstruer	7	désynchroniser	7
désoccuper	7	détacher	7
désocialiser	7	détailler	7
désodoriser	7	détaler	7
désoler	7	détapisser	7
désolidariser	7	détaxer	7
désopiler	7	détecter	7
désorbiter	7	déteindre	58
désordonner	7	dételer	12
désorganiser	7	détendre	54
désorienter	7	détenir	23
désosser	7	déterger	9
désoxyder	7	détériorer	7
désoxygéner	11	déterminer	7
desquamer	7	déterrer	7
dessabler	7	détester	7
dessaisir	20	détirer	7
dessaler	7	détisser	7
dessangler	7	détoner	7
dessaouler	7	détonner	7
dessaper	7	détordre	54
dessécher	11	détortiller	7
desseller	7	détourer	7
desserrer	7	détourner	7
dessertir	20	détoxiquer	7
desservir	35	détracter	7
dessiller	7	détrancher	7
dessiner	7	détransposer	7

détraquer	7	**devoir**	3
détremper	7	dévolter	7
détresser	7	dévorer	7
détricoter	7	dévouer	7
détromper	7	dévoyer	18
détroncher	7	diaboliser	7
détrôner	7	diagnostiquer	7
détroquer	7	dialectaliser	7
détrousser	7	dialectiser	7
détruire	83	dialoguer	7
dévaler	7	dialyser	7
dévaliser	7	diamanter	7
dévaloriser	7	diaphragmer	7
dévaluer	7	diaprer	7
devancer	8	dicter	7
dévaser	7	diéser	7
dévaster	7	diffamer	7
développer	7	différencier	16
devenir	23	différer	11
déventer	7	difformer	7
déverdir	20	diffracter	7
dévergonder	7	diffuser	7
déverguer	7	digérer	11
dévernir	20	digitaliser	7
déverrouiller	7	digresser	7
déverser	7	dilacérer	11
dévêtir	26	dilapider	7
dévider	7	dilater	7
dévier	16	diligenter	7
deviner	7	diluer	7
dévirer	7	dimensionner	7
dévirginiser	7	diminuer	7
déviriliser	7	dindonner	7
déviroler	7	dîner	7
dévisager	9	dinguer	7
deviser	7	diphtonguer	7
dévisser	7	diplômer	7
dévitaliser	7	**dire**	79
dévitrifier	16	diriger	9
dévoiler	7	discerner	7

discipliner	7	distribuer	7
discontinuer	7	divaguer	7
disconvenir	23	diverger	9
discorder	7	diversifier	16
discounter	7	divertir	20
discourir	33	diviniser	7
discréditer	7	diviser	7
discriminer	7	divorcer	8
disculper	7	divulguer	7
discutailler	7	documenter	7
discuter	7	dodeliner	7
disgracier	16	dogmatiser	7
disjoindre	59	doigter	7
disjoncter	7	doler	7
disloquer	7	domestiquer	7
disparaître	65	domicilier	16
dispatcher	7	dominer	7
dispenser	7	dompter	7
disperser	7	donner	7
disposer	7	doper	7
disproportionner	7	dorer	7
disputailler	7	dorloter	7
disputer	7	**dormir**	32
disqualifier	16	doser	7
disséminer	7	doter	7
disséquer	11	doubler	7
disserter	7	doublonner	7
dissimuler	7	doucher	7
dissiper	7	doucir	20
dissocier	16	douer	7
dissoner	7	douiller	7
dissoudre	73	douter	7
dissuader	7	dragéifier	16
distancer	8	drageonner	7
distancier	16	draguer	7
distendre	54	drainer	7
distiller	7	dramatiser	7
distinguer	7	draper	7
distordre	54	drayer	17
distraire	62	dresser	7

dribbler	7	dynamiter	7
driller	7	se débrailler	7
driver	7	se déconcubiner	7
droguer	7	se dégrouiller	7
droper	7	se démarquer	7
drosser	7	se démerder	7
dulcifier	16	se dépagnoter	7
duper	7	se déporter	7
duplexer	7	se déprendre	55
dupliquer	7	se désaffectionner	7
durcir	20	se désister	7
durer	7	se duveter	12
dynamiser	7		

E

ébahir	20	ébruter	7
ébarber	7	écacher	7
ébaucher	7	écailler	7
ébaudir	20	écaler	7
ébavurer	7	écanguer	7
éberluer	7	écarquiller	7
ébiseler	12	écarteler	13
éborgner	7	écarter	7
ébouer	7	écatir	20
ébouillanter	7	échafauder	7
ébouler	7	échalasser	7
éboulir	20	échampir	20
ébourgeonner	7	échancrer	7
ébouriffer	7	échanger	9
ébourrer	7	échantillonner	7
ébouter	7	échapper	7
ébraiser	7	échardonner	7
ébrancher	7	écharner	7
ébranler	7	écharper	7
ébraser	7	échauder	7
ébrécher	11	échauffer	7
ébruiter	7	échauler	7

échaumer	7	écrouer	7
échelonner	7	écrouir	20
écheniller	7	écroûter	7
écheveler	12	écuisser	7
échiner	7	éculer	7
échoir	52	écumer	7
échopper	7	écurer	7
échouer	7	écussonner	7
éclabousser	7	édenter	7
éclaffer	7	édicter	7
éclaircir	20	édifier	16
éclairer	7	éditer	7
éclater	7	éditionner	7
éclipser	7	édulcorer	7
éclisser	7	éduquer	7
écloper	7	éfaufiler	7
éclore	71	effacer	8
écluser	7	effaner	7
écobuer	7	effarer	7
écœurer	7	effaroucher	7
éconduire	83	effectuer	7
économiser	7	efféminer	7
écoper	7	effeuiller	7
écorcer	8	effiler	7
écorcher	7	effilocher	7
écorer	7	efflanquer	7
écorner	7	effleurer	7
écornifler	7	effleurir	20
écosser	7	effluver	7
écouler	7	effondrer	7
écourter	7	efforcer	8
écouter	7	effranger	9
écouvillonner	7	effrayer	17
écrabouiller	7	effriter	7
écraser	7	égaler	7
écrémer	11	égaliser	7
écrêter	7	égarer	7
écrire	81	égayer	17
écrivailler	7	égorger	9
écrivasser	7	égoutter	7

égrainer	7	emballotter	7
égrapper	7	embarbouiller	7
égratigner	7	embarder	7
égrener	10	embarquer	7
égriser	7	embarrasser	7
égruger	9	embarrer	7
égueuler	7	embastiller	7
éjaculer	7	embastionner	7
éjarrer	7	embattre	56
éjecter	7	embaucher	7
éjointer	7	embaumer	7
élaborer	7	embecquer	7
élaguer	7	embellir	20
élancer	8	emberlificoter	7
élargir	20	embêter	7
électrifier	16	emblaver	7
électriser	7	embobeliner	7
électrocuter	7	embobiner	7
électrolyser	7	emboire	84
électroniser	7	emboîter	7
élégir	20	embosser	7
élever	10	emboucher	7
élider	7	embouer	7
élimer	7	embouquer	7
éliminer	7	embourber	7
élinguer	7	embourgeoiser	7
élire	78	embourrer	7
éloigner	7	embouteiller	7
élonger	9	embouter	7
élucider	7	emboutir	20
élucubrer	7	embrancher	7
éluder	7	embraquer	7
éluer	7	embraser	7
émacier	16	embrasser	7
émailler	7	embrayer	17
émanciper	7	embreler	13
émaner	7	embrever	10
émarger	9	embrigader	7
émasculer	7	embringuer	7
emballer	7	embrocher	7

embroncher	7	empailler	7
embrouiller	7	empaler	7
embroussailler	7	empalmer	7
embrumer	7	empanacher	7
embrunir	20	empanner	7
embusquer	7	empapilloter	7
émécher	11	empaqueter	12
émerger	9	empâter	7
émeriser	7	empatter	7
émerveiller	7	empaumer	7
émettre	57	empêcher	7
émier	16	empeigner	7
émietter	7	empêner	7
émigrer	7	empenner	7
émincer	8	emperler	7
emmagasiner	7	empeser	10
emmailloter	7	empester	7
emmancher	7	empêtrer	7
emmarger	9	empiéger	9
emmêler	7	empierrer	7
emménager	9	empiéter	11
emmener	10	empiler	7
emmerder	7	empirer	7
emmétrer	11	emplafonner	7
emmieller	7	emplâtrer	7
emmitonner	7	emplir	20
emmitoufler	7	employer	18
emmortaiser	7	emplumer	7
emmouscailler	7	empocher	7
emmurer	7	empoigner	7
émonder	7	empoisonner	7
émorfiler	7	empoisser	7
émotionner	7	empoissonner	7
émotter	7	emporter	7
émoucher	7	empoter	7
émoucheter	13	empourprer	7
émoudre	75	empoussiérer	11
émousser	7	empreindre	58
émoustiller	7	emprésurer	7
émouvoir	42	emprisonner	7

emprunter	7	enclore	71
empuantir	20	enclouer	7
émuler	7	encocher	7
émulsifier	16	encoder	7
émulsionner	7	encoffrer	7
enamourer	7	encoller	7
énamourer	7	encombrer	7
encabaner	7	encorder	7
encadrer	7	encorner	7
encager	9	encourager	9
encagouler	7	encourir	33
encaisser	7	encrasser	7
encanailler	7	encrêper	7
encapsuler	7	encrer	7
encapuchonner	7	encroûter	7
encaquer	7	encuver	7
encarter	7	endauber	7
encartonner	7	endenter	7
encaserner	7	endetter	7
encastrer	7	endeuiller	7
encaustiquer	7	endêver	7
encaver	7	endiabler	7
enceindre	58	endiguer	7
encenser	7	endimancher	7
encercler	7	endivisionner	7
enchaîner	7	endoctriner	7
enchanter	7	endolorir	20
enchaperonner	7	endommager	9
enchâsser	7	endormir	32
enchatonner	7	endosser	7
enchausser	7	enduire	83
enchérir	20	endurcir	20
enchevaucher	7	endurer	7
enchevêtrer	7	énerver	7
enchifrener	10	enfaîter	7
encirer	7	enfanter	7
enclaver	7	enfariner	7
enclencher	7	enfermer	7
encliqueter	12	enferrer	7
encloîtrer	7	enfieller	7

enfiévrer	11	enguirlander	7
enfiler	7	enhardir	20
enflammer	7	enharnacher	7
enflécher	11	enherber	7
enfler	7	enivrer	7
enfleurer	7	enjamber	7
enfoncer	8	enjaveler	12
enforcir	20	enjoindre	59
enfouir	20	enjôler	7
enfourcher	7	enjoliver	7
enfourner	7	enjoncer	8
enfreindre	58	enjouer	7
enfuir	36	enjuguer	7
enfumer	7	enjuponner	7
enfutailler	7	enlacer	8
enfûter	7	enlaidir	20
engager	9	enlever	10
engainer	7	enliasser	7
engamer	7	enlier	16
engaver	7	enligner	7
engazonner	7	enliser	7
engendrer	7	enluminer	7
engerber	7	ennoblir	20
englacer	8	ennuager	9
englober	7	ennuyer	18
engloutir	20	énoncer	8
engluer	7	enorgueillir	20
engober	7	énouer	7
engommer	7	enquêter	7
engoncer	8	enquiquiner	7
engorger	9	enraciner	7
engouffrer	7	enrager	9
engouler	7	enrailler	7
engourdir	20	enrayer	17
engraisser	7	enrégimenter	7
engranger	9	enregistrer	7
engraver	7	enrêner	7
engrener	10	enrésiner	7
engrosser	7	enrhumer	7
engrumeler	12	enrichir	20

enrober	7	entoiler	7
enrocher	7	entôler	7
enrôler	7	entonner	7
enrouer	7	entortiller	7
enrouiller	7	entourer	7
enrouler	7	entraccorder	7
enrubanner	7	entraccuser	7
ensabler	7	entradmirer	7
ensaboter	7	entraider	7
ensacher	7	entraimer	7
ensaisiner	7	entraîner	7
ensanglanter	7	entrapercevoir	39
ensauvager	7	entraver	7
ensauver	7	entrebâiller	7
enseigner	7	entrebattre	56
ensemencer	8	entrechoquer	7
enserrer	7	entrecouper	7
ensevelir	20	entrecroiser	7
ensiler	7	entre-déchirer	7
ensoleiller	7	entre-détruire	83
ensorceler	12	entre-dévorer	7
ensoufrer	7	entre-égorger	9
enstérer	11	entre-frapper	7
ensuivre	76	entre-haïr	21
ensuquer	7	entre-heurter	7
entabler	7	entrelacer	8
entacher	7	entrelarder	7
entailler	7	entre-louer	7
entamer	7	entre-manger	9
entaquer	7	entremêler	7
entartrer	7	entremettre	57
entasser	7	entre-nuire	83
entendre	54	entreposer	7
enténébrer	11	entreprendre	55
enter	7	entrer	7
entériner	7	entre-regarder	7
enterrer	7	entretailler	7
entêter	7	entretenir	23
enthousiasmer	7	entretoiser	7
enticher	7	entre-tuer	7

© Bien! Verbtabellen

entrevoir	40	épier	16
entrevoûter	7	épierrer	7
entrouvrir	27	épiler	7
entuber	7	épiloguer	7
énucléer	14	épinceler	13
énumérer	11	épincer	8
envahir	20	épinceter	12
envaser	7	épiner	7
envelopper	7	épingler	7
envenimer	7	épisser	7
enverger	9	éployer	18
enverguer	7	éplucher	7
envider	7	épointer	7
envieillir	20	éponger	9
envier	16	épontiller	7
environner	7	épouiller	7
envisager	9	épouser	7
envoiler	7	épousseter	12
envoler	7	époustoufler	7
envoûter	7	époutir	16
envoyer	19	épouvanter	20
épaissir	20	épreindre	58
épaler	7	éprouver	7
épamprer	7	épucer	8
épancher	7	épuiser	7
épandre	54	épurer	7
épanneler	12	équarrir	20
épanner	7	équerrer	7
épanouir	20	équeuter	7
épargner	7	équilibrer	7
éparpiller	7	équiper	7
épater	7	équivaloir	45
épaufrer	7	équivoquer	7
épauler	7	éradiquer	7
épeler	12	érafler	7
épépiner	7	érailler	7
éperonner	7	érayer	17
épeuler	7	éreinter	7
épeurer	7	ergoter	7
épicer	8	ériger	9

éroder	7	estérifier	16
érotiser	7	esthétiser	7
errer	7	estimer	7
éructer	7	estiver	7
esbaudir	20	estomaquer	7
esbigner	7	estomper	7
esbroufer	7	estoquer	7
escalader	7	estourbir	20
escamoter	7	estrapader	7
escarmoucher	7	estrapasser	7
escarrifier	16	estropier	16
escher	7	établer	7
esclaffer	7	établir	20
esclavager	7	étager	9
escoffier	16	étalager	9
escompter	7	étaler	7
escorter	7	étalinguer	7
escrimer	7	étalonner	7
escroquer	7	étamer	7
espacer	8	étamper	7
espérer	11	étancher	7
espionner	7	étançonner	7
espoliner	7	étarquer	7
espouliner	7	étatiser	7
esquicher	7	étayer	17
esquinter	7	éteindre	58
esquisser	7	étendre	54
esquiver	7	éterniser	7
essaimer	7	éternuer	7
essanger	9	étêter	7
essarter	7	éthérifier	16
essayer	17	éthériser	7
essorer	7	ethniciser	7
essoriller	7	étinceler	12
essoucher	7	étioler	7
essouffler	7	étiqueter	12
essuyer	18	étirer	7
estamper	7	étoffer	7
estampiller	7	étoiler	7
ester	*	étonner	7

étouffer	7	excéder	11
étouper	7	exceller	7
étoupiller	7	excentrer	7
étourdir	20	excepter	7
étrangler	7	exciper	7
être	1	exciser	7
étrécir	20	exciter	7
étreindre	58	exclure	72
étrenner	7	excommunier	16
étrésillonner	7	excorier	16
étriller	7	excréter	11
étriper	7	excursionner	7
étriquer	7	excuser	7
étronçonner	7	exécrer	11
étudier	16	exécuter	7
étuver	7	exemplifier	7
euphoriser	7	exempter	7
européaniser	7	exercer	8
évacuer	7	exfiltrer	7
évader	7	exfolier	16
évaluer	7	exhaler	7
évangéliser	7	exhausser	7
évanouir	20	exhéréder	11
évaporer	7	exhiber	7
évaser	7	exhorter	7
éveiller	7	exhumer	7
éventer	7	exiger	9
éventrer	7	exiler	7
évider	7	exister	7
évincer	8	exonder	7
éviter	7	exonérer	11
évoluer	7	exorciser	7
évoquer	7	expatrier	16
exacerber	7	expectorer	7
exagérer	11	expédier	16
exalter	7	expérimenter	7
examiner	7	expertiser	7
exaspérer	11	expier	16
exaucer	8	expirer	7
excaver	7	expliciter	7

expliquer	7	extraire	62
exploiter	7	extrapoler	7
explorer	7	extravaguer	7
exploser	7	extravaser	7
exporter	7	extruder	7
exposer	7	exulcérer	11
exprimer	7	exulter	7
exproprier	16	s'ébattre	56
expulser	7	s'ébaubir	20
expurger	9	s'ébrouer	7
exsuder	7	s'écrier	16
extasier	16	s'égailler	7
exténuer	7	s'embéguiner	7
extérioriser	7	s'empresser	7
exterminer	7	s'engouer	7
externaliser	7	s'enkyster	7
extirper	7	s'enquérir	24
extorquer	7	s'époumoner	7
extrader	7		

F

fabriquer	7	faisander	7
fabuler	7	**falloir**	44
facetter	7	falsifier	16
fâcher	7	faluner	7
faciliter	7	familiariser	7
façonner	7	fanatiser	7
factoriser	7	faner	7
facturer	7	fanfaronner	7
fader	7	fanfrelucher	7
fagoter	7	fantasmer	7
faiblir	20	farcir	20
faignanter	7	farder	7
failler	7	farfouiller	7
faillir	30	fariner	7
fainéanter	7	farter	7
faire	63	fasciner	7

fasciser	7	feutrer	7
faseyer	17	fiabiliser	7
fatiguer	7	fiancer	8
faucarder	7	ficeler	12
faucher	7	ficher	7
faufiler	7	fidéliser	7
fausser	7	fieffer	7
fauter	7	fienter	7
favoriser	7	fier	7
faxer	7	figer	9
fayoter	7	fignoler	7
féconder	7	figurer	7
féculer	7	filer	7
fédéraliser	7	fileter	13
fédérer	11	filialiser	7
feignanter	7	filigraner	7
feindre	58	filmer	7
feinter	7	filocher	7
fêler	7	filouter	7
féliciter	7	filtrer	7
féminiser	7	finaliser	7
fendiller	7	financer	8
fendre	54	financiariser	7
fenêtrer	7	finasser	7
férir	*	**finir**	20
ferler	7	finlandiser	7
fermenter	7	fiscaliser	7
fermer	7	fissionner	7
ferrailler	7	fissurer	7
ferrer	7	fixer	7
ferrouter	7	flageller	7
fertiliser	7	flageoler	7
fesser	7	flagorner	7
festonner	7	flairer	7
festoyer	18	flamber	7
fêter	7	flamboyer	18
fétichiser	7	flancher	7
feuiller	7	flâner	7
feuilleter	12	flanquer	7
feuler	7	flaquer	7

flasher	7	fondre	54
flatter	7	forcer	8
flauper	7	forcir	20
flécher	11	forclore	*
fléchir	20	forer	7
flemmarder	7	forfaire	63
flétrir	20	forger	9
fleurer	7	forjeter	12
fleurir	20	forlancer	8
flexibiliser	7	forligner	7
flibuster	7	forlonger	7
flinguer	7	formaliser	7
flipper	7	formater	7
fliquer	7	former	7
flirter	7	formoler	7
floconner	7	formuler	7
floculer	7	forniquer	7
floquer	7	fortifier	16
flotter	7	fossiliser	7
flouer	7	fossoyer	18
flouser	7	fouailler	7
fluber	7	foudroyer	18
fluctuer	7	fouetter	7
fluer	7	fouger	9
fluidifier	16	fouiller	7
fluidiser	7	fouiner	7
flûter	7	fouir	20
fluxer	7	fouler	7
focaliser	7	fourailler	7
foirer	7	fourber	7
foisonner	7	fourbir	20
folâtrer	7	fourcher	7
folichonner	7	fourgonner	7
folioter	7	fourguer	7
folkloriser	7	fourmiller	7
fomenter	7	fournir	20
foncer	8	fourrager	9
fonctionnariser	7	fourrer	7
fonctionner	7	fourvoyer	18
fonder	7	foutre	54

fracasser	7	fringuer	7
fractionner	7	friper	7
fracturer	7	friponner	7
fragiliser	7	frire	82
fragmenter	7	friser	7
fraîchir	20	frisotter	7
fraiser	7	frissonner	7
framboiser	7	fritter	7
franchir	20	froidir	20
franchiser	7	froisser	7
franciser	7	frôler	7
franger	9	froncer	8
frapper	7	fronder	7
fraterniser	7	frotter	7
frauder	7	frouer	7
frayer	17	froufrouter	7
fredonner	7	fructifier	16
frégater	7	frusquer	7
freiner	7	frustrer	7
frelater	7	fuguer	7
frémir	20	**fuir**	36
fréquenter	7	fulgurer	7
fréter	11	fulminer	7
frétiller	7	fumer	7
fretter	7	fumiger	9
fricasser	7	fuseler	12
fricoter	7	fuser	7
frictionner	7	fusiller	7
frigorifier	16	fusionner	7
frigorifuger	9	fustiger	9
frimer	7		

G

gabarier	7	gauchir	20
gabionner	7	gaufrer	7
gâcher	7	gauler	7
gadgétiser	7	gausser	7
gaffer	7	gaver	7
gager	9	gazéifier	16
gagner	7	gazer	7
gainer	7	gazonner	7
galber	7	gazouiller	7
galéjer	11	geindre	58
galérer	7	gélatiner	7
galipoter	7	gélatiniser	7
galonner	7	geler	13
galoper	7	gélifier	16
galvaniser	7	géminer	7
galvauder	7	gémir	20
gambader	7	gemmer	7
gamberger	9	gendarmer	7
gambiller	7	gêner	7
gaminer	7	généraliser	7
gangrener	10	générer	11
gangréner	11	géométriser	7
ganser	7	gerber	7
ganter	7	gercer	8
garancer	8	gérer	11
garantir	20	germaniser	7
garder	7	germer	7
garer	7	**gésir**	38
gargariser	7	gesticuler	7
gargoter	7	giboyer	18
gargouiller	7	gicler	7
garnir	20	gifler	7
garrotter	7	gigoter	7
gasconner	7	gironner	7
gaspiller	7	girouetter	7
gâter	7	gîter	7
gâtifier	16	givrer	7

glacer	8	gourancer	7
glairer	7	gourer	7
glaiser	7	gourmander	7
glander	7	goûter	7
glandouiller	7	goutter	7
glaner	7	gouverner	7
glapir	20	gracier	16
glatir	20	graduer	7
glavioter	7	graffiter	7
glaviotter	7	grailler	7
gléner	7	graillonner	7
glisser	7	grainer	7
globaliser	7	graisser	7
glorifier	16	grammaticaliser	7
gloser	7	grandir	20
glouglouter	7	graniter	7
glousser	7	granuler	7
gloutonner	7	graphiter	7
glycériner	7	grappiller	7
gober	7	grasseyer	17
gobeter	12	graticuler	7
godailler	7	gratifier	16
goder	7	gratiner	7
godiller	7	gratter	7
godronner	7	grattouiller	7
goguenarder	7	graver	7
goinfrer	7	gravillonner	7
gommer	7	gravir	20
gonder	7	graviter	7
gondoler	7	gréciser	7
gonfler	7	grecquer	7
gorger	9	gréer	14
gouacher	7	greffer	7
gouailler	7	grêler	7
gouaper	7	grelotter	7
goudronner	7	grenailler	7
gouger	7	greneler	12
goujonner	7	grener	10
goupiller	7	griffer	7
goupillonner	7	griffonner	7

grigner	7	gronder	7
grenouiller	7	grossir	20
gréser	11	grossoyer	18
grésiller	7	grouiller	7
grever	10	grouper	7
gribouiller	7	gruger	9
grignoter	7	guéer	14
grillager	9	guérir	20
griller	7	guerroyer	18
grimacer	8	guêtrer	7
grimer	7	guetter	7
grimper	7	gueuler	7
grincer	8	gueuletonner	7
grincher	7	gueuser	7
gringuer	7	guider	7
gripper	7	guigner	7
grisailler	7	guillemeter	12
griser	7	guillocher	7
grisoller	7	guillotiner	7
grisonner	7	guincher	7
griveler	12	guinder	7
grognasser	7	guiper	7
grogner	7	se goberger	9
grognonner	7	se gominer	7
grommeler	12		

H

Die mit ** gekennzeichneten Verben beginnen mit *h aspiré*. Bei diesen Verben findet keine Apostrophierung statt.

habiliter	7	hâler**	7
habiller	7	haleter**	13
habiter	7	halluciner	7
habituer	7	hameçonner	7
hâbler**	7	hancher**	7
hacher**	7	handicaper**	7
hachurer**	7	hannetonner**	7
halener	10	hanter**	7
haler**	7	happer**	7

haranguer**	7	holographier	16
harasser**	7	homogénéifier	16
harceler**	12,13	homogénéiser	7
harder**	7	homologuer	7
harmoniser	7	hongrer**	7
harnacher**	7	hongroyer**	18
harpailler**	7	honnir**	20
harper**	7	honorer	7
harponner**	7	hoqueter**	12
hasarder**	7	horrifier	16
hâter**	7	horripiler	7
haubaner**	7	hospitaliser	7
hausser**	7	houblonner**	7
haver**	7	houer**	7
havir**	20	houpper**	7
haïr**	21	hourder**	7
héberger	9	hourdir**	20
hébéter	11	houspiller**	7
hébraïser	7	housser**	7
héler**	11	houssiner	7
hélitreuiller	7	hucher**	7
helléniser	7	huer**	7
hennir**	20	huiler	7
herbager	9	hululer	7
herber	7	humaniser	7
herboriser	7	humecter	7
hérisser**	7	humer**	7
hérissonner**	7	humidifier	16
hériter	7	humilier	16
herser**	7	hurler**	7
hésiter	7	hybrider	7
heurter**	7	hydrater	7
hiberner	7	hydrofuger	9
hiérarchiser**	7	hydrogéner	11
hisser**	7	hypertrophier	16
historier	16	hypnotiser	7
hiverner	7	hypostasier	16
hocher**	7	hypothéquer	11

I

idéaliser	7	importuner	7
identifier	16	imposer	7
idéologiser	7	imprégner	11
idiotifier	15	impressionner	7
idiotiser	7	imprimer	7
idolâtrer	7	improuver	7
ignifuger	9	improviser	7
ignorer	7	impulser	7
illuminer	7	imputer	7
illusionner	7	inactiver	7
illustrer	7	inaugurer	7
imager	9	incarcérer	11
imaginer	7	incarner	7
imbiber	7	incendier	16
imbriquer	7	incidenter	7
imiter	7	incinérer	11
immatérialiser	7	inciser	7
immatriculer	7	inciter	7
immerger	9	incliner	7
immigrer	7	inclure	72
immiscer	8	incomber	7
immobiliser	7	incommoder	7
immoler	7	incorporer	7
immortaliser	7	incrémenter	7
immuniser	7	incriminer	7
impacter	7	incruster	7
impartir	20	incuber	7
impatienter	7	inculper	7
impatroniser	7	inculquer	7
imperméabiliser	7	incurver	7
impétrer	11	indemniser	7
implanter	7	indexer	7
implémenter	7	indianiser	7
impliquer	7	indicer	8
implorer	7	indifférer	11
imploser	7	indigner	7
importer	7	indiquer	7

indisposer	7	inséminer	7
individualiser	7	insensibiliser	7
induire	83	insérer	11
indulgencier	15	insinuer	7
indurer	7	insister	7
industrialiser	7	insoler	7
infantiliser	7	insolubiliser	7
infatuer	7	insonoriser	7
infecter	7	inspecter	7
inféoder	7	inspirer	7
inférer	11	installer	7
inférioriser	7	instaurer	7
infester	7	instiller	7
infiltrer	7	institutionnaliser	7
infirmer	7	instruire	83
infléchir	20	instrumentaliser	7
infliger	9	instrumenter	7
influencer	8	insuffler	7
influer	7	insulter	7
informatiser	7	insupporter	7
informer	7	insurger	9
infuser	7	intailler	7
ingénier	16	intégrer	11
ingérer	11	intellectualiser	7
ingurgiter	7	intensifier	16
inhaler	7	intenter	7
inhiber	7	interagir	20
inhumer	7	intercaler	7
initialiser	7	intercéder	11
initier	16	intercepter	7
injecter	7	interclasser	7
injurier	16	interconnecter	7
innerver	7	interdire	79
innocenter	7	intéresser	7
innover	7	interférer	11
inoculer	7	interfolier	16
inonder	7	intérioriser	7
inquiéter	11	interjeter	12
inscrire	81	interligner	7
insculper	7	interloquer	7

internationaliser	7	invectiver	7
interner	7	inventer	7
interpeller	7	inventorier	16
interpénétrer	11	inverser	7
interpoler	7	invertir	20
interposer	7	investir	20
interpréter	11	invétérer	11
interroger	9	inviter	7
interrompre	54	invoquer	7
intervenir	23	ioder	7
intervertir	20	iodler	7
interviewer	7	ioniser	7
intimer	7	iouler	7
intimider	7	iriser	7
intituler	7	ironiser	7
intoxiquer	7	irradier	16
intriguer	7	irriguer	7
intriquer	7	irriter	7
introduire	83	islamiser	7
introniser	7	isoler	7
intuber	7	issir	*
invaginer	7	italianiser	7
invalider	7	itérer	11

J

jabler	7	jardiner	7
jaboter	7	jargonner	7
jacasser	7	jarreter	12
jachérer	10	jaser	7
jacter	7	jasper	7
jaillir	20	jaspiner	7
jalonner	7	jauger	9
jalouser	7	jaunir	20
jambonner	7	javeler	12
japoniser	7	javelliser	7
japonner	7	**jeter**	12
japper	7	jeûner	7

jobarder	7	jouxter	7
jodler	7	jubiler	7
jogger	7	jucher	7
joindre	59	judaïser	9
jointoyer	18	juger	7
joncer	8	juguler	7
joncher	7	jumeler	7
jongler	7	juponner	7
jouailler	7	jurer	7
jouer	7	justifier	16
jouir	20	juter	7
jouter	7	juxtaposer	7

K

kératiniser	7	kilométrer	11
kidnapper	7	klaxonner	7

L

labelliser	7	lanciner	7
labialiser	7	langer	9
labourer	7	langueyer	7
lacer	8	languir	20
lacérer	11	lansquiner	7
lâcher	7	lanterner	7
lainer	7	laper	7
laisser	7	lapider	7
laitonner	7	lapidifier	16
lambiner	7	lapiner	7
lambrisser	7	laquer	7
lamenter	7	larder	7
lamer	7	lardonner	7
laminer	7	larguer	7
lamper	7	larmoyer	18
lancequiner	7	lasser	7
lancer	8	latiniser	7

latter	7	limer	7
laver	7	limiter	7
layer	17	limoger	9
laïciser	7	limonier	7
laïusser	7	limousiner	7
lécher	11	linger	9
légaliser	7	liquéfier	16
légender	7	liquider	7
légiférer	11	**lire**	78
légitimer	7	liserer	10
léguer	11	lisérer	11
lemmatiser	7	lisser	7
lénifier	26	lister	7
léser	11	liter	7
lésiner	7	lithographier	16
lessiver	7	livrer	7
lester	7	lober	7
leurrer	7	lobotomiser	7
lever	10	localiser	7
léviger	7	locher	7
léviter	7	lock-outer	7
levretter	7	lofer	7
lexicaliser	7	loger	9
lézarder	7	longer	9
liaisonner	7	loquer	7
liarder	7	loquer	7
libeller	7	lorgner	7
libéraliser	7	lotionner	7
libérer	11	lotir	20
licencier	16	louanger	9
licher	7	loucher	7
liciter	7	louchir	20
liéger	15	louer	7
lier	16	loufer	7
lifter	7	louper	7
ligaturer	7	lourder	7
ligner	7	lourer	7
lignifier	16	louver	7
ligoter	7	louveter	12
liguer	7	louvoyer	18

© Bien! Verbtabellen

lover	7	luter	7
lubrifier	16	lutiner	7
lucher	7	lutter	7
luger	9	luxer	7
luire	83	lyncher	7
luncher	7	lyophiliser	7
lustrer	7	lyser	7

M

macadamiser	7	malfaire	*
macérer	11	malléabiliser	7
mâcher	7	mallouser	7
machicoter	7	malmener	10
machiner	7	malter	7
mâchonner	7	maltraiter	7
mâchouiller	7	mamelonner	7
mâchurer	7	manager	9
macler	7	manchonner	7
maçonner	7	mandater	7
macquer	7	mander	7
madéfier	16	mandriner	6
madériser	7	manéger	15
madrigaliser	7	mangeotter	7
magasiner	7	**manger**	9
magner	7	manier	16
magnétiser	7	maniérer	11
magnétoscoper	7	manifester	7
magnifier	16	manigancer	8
magouiller	7	manipuler	7
magyariser	6	mannequiner	7
maigrir	20	manœuvrer	7
mailler	7	manquer	7
mainmettre	57	mansarder	7
maintenir	23	manucurer	7
maîtriser	7	manufacturer	7
majorer	7	manutentionner	7
malaxer	7	mapper	7

maquer	7	mastiquer	7
maquetter	7	masturber	7
maquignonner	7	matcher	7
maquiller	7	matelasser	7
marauder	7	mater	7
marbrer	7	mâter	7
marchander	7	matérialiser	7
marcher	7	materner	7
marcotter	7	materniser	7
margauder	7	mathématiser	7
marger	9	mâtiner	7
marginaliser	7	matir	20
marginer	7	matraquer	7
margotter	7	matricer	8
marier	16	matriculer	7
mariner	7	maturer	7
marivauder	7	maudire	20
marmiter	7	maugréer	14
marmonner	7	maximaliser	7
marmoriser	7	maximiser	7
marmotter	7	mazer	6
marner	7	mazouter	7
maronner	7	mécaniser	7
maroquiner	7	mécher	11
marotiser	6	mécompter	7
maroufler	7	méconnaître	65
marquer	7	mécontenter	7
marqueter	12	mécroire	70
marrer	7	médailler	7
marronner	7	médiatiser	7
marsouiner	7	médicaliser	7
marteler	13	médicamenter	7
martyriser	7	médire	79
marxiser	7	médiser	7
masculiniser	7	méditer	7
masquer	7	méduser	7
massacrer	7	méfaire	63
masser	7	méfier	43
massicoter	7	mégir	20
massifier	16	mégisser	7

© Bien! Verbtabellen

mégoter	7	meuler	7
méjuger	9	meurtrir	20
mélanger	9	mévendre	54
mêler	7	miauler	7
mémoriser	7	microfilmer	7
menacer	8	microniser	7
ménager	9	mignarder	7
mendier	16	mignoter	7
mendigoter	7	migrer	7
mener	10	mijoter	7
menotter	7	militariser	7
mensualiser	7	militer	7
mensurer	7	millésimer	7
mentionner	7	mimer	7
mentir	25	minauder	7
menuiser	7	mincir	20
méprendre	55	miner	7
mépriser	7	minéraliser	7
mercantiliser	7	miniaturer	7
merceriser	7	miniaturiser	7
merder	7	minimiser	7
merdoyer	18	minorer	7
meringuer	7	minuter	7
mériter	7	mirer	7
mésallier	16	miroiter	7
mésestimer	7	miser	7
messeoir	49	missionner	7
mesurer	7	mitarder	7
mésurer	7	miter	7
métaboliser	7	mithridatiser	7
métalliser	7	mitiger	9
métamorphiser	7	mitonner	7
métamorphoser	7	mitrailler	7
métaphoriser	7	mixer	7
météoriser	7	mixtionner	7
métisser	7	mobiliser	7
métrer	11	**modeler**	13
mettre	57	modéliser	7
meubler	7	modérer	11
meugler	7	moderniser	7

modifier	16	motiver	7
moduler	7	motoriser	7
moirer	7	motter	7
moiser	7	moucharder	7
moisir	20	moucher	7
moissonner	7	moucheronner	7
moitir	20	moucheter	12
molester	7	**moudre**	75
moleter	12	mouetter	7
mollarder	7	moufeter	12
molletonner	7	moufter	7
mollir	20	mouiller	7
momifier	16	mouler	7
monder	7	mouliner	7
mondialiser	7	moulurer	7
monétiser	7	**mourir**	34
monnayer	17	mouronner	7
monologuer	7	mousser	7
monopoliser	7	moutonner	7
monter	7	mouvementer	7
montrer	7	mouver	7
moquer	7	**mouvoir**	42
moquetter	7	moyenner	7
moraliser	7	mucher	7
morceler	12	muer	7
mordancer	8	mugir	20
mordiller	7	mugueter	12
mordorer	7	muloter	7
mordre	54	multiplexer	7
morfaler	7	multiplier	7
morfier	15	multiplier	16
morfiler	7	municipaliser	7
morfler	7	munir	20
morfondre	54	murailler	7
morganer	7	murer	7
morigéner	15	mûrir	20
mornifler	7	murmurer	7
mortaiser	16	musarder	7
mortifier	7	muscler	7
motionner	7	museler	12

muser	7	mutiler	7
musiquer	7	mutiner	7
musquer	7	mutualiser	7
musser	7	mystifier	16
muter	7	mythifier	16

N

nacrer	7	nicotiniser	7
nager	9	nidifier	16
naître	66	nieller	7
nanifier	7	nier	16
nantir	20	nigauder	7
napper	7	nimber	7
narguer	7	nipper	7
narrer	7	nitrater	7
nasaliser	7	nitrer	7
nasiller	7	nitrifier	16
natchaver	7	nitrurer	7
nationaliser	7	niveler	12
natter	7	noircir	20
naturaliser	7	noliser	7
naufrager	9	nomadiser	7
naviguer	7	nominaliser	7
navrer	7	nommer	7
néantiser	7	noper	7
nécessiter	7	nordir	20
nécroser	7	normaliser	7
négliger	9	noter	7
négocier	16	notifier	16
neigeoter	7	nouer	7
neiger	8	nourrir	20
nervurer	7	nover	7
nettoyer	18	noyauter	7
neutraliser	7	noyer	18
niaiser	7	nuancer	8
nicher	7	nucléariser	7
nickeler	12	nucléer	14

nuer	7	numériser	7
nuire	83	numéroter	7

O

obéir	20	officier	16
obérer	11	offrir	27
objecter	7	offusquer	7
objectiver	7	oindre	59
objurguer	7	oiseler	12
obliger	9	ombrager	9
obliquer	7	ombrer	7
oblitérer	11	omettre	57
obnubiler	7	ondoyer	18
obombrer	7	onduler	7
obscurcir	20	opacifier	16
obséder	11	opaliser	7
observer	7	opérer	11
obstiner	7	opiacer	8
obstruer	7	opiner	7
obtempérer	11	opiniâtrer	7
obtenir	23	opposer	7
obturer	7	oppresser	7
obvenir	23	opprimer	7
obvier	16	opter	7
occasionner	7	optimaliser	7
occidentaliser	7	optimiser	7
occire	*	oraliser	7
occlure	72	oranger	9
occuper	7	orbiter	7
ocrer	7	orchestrer	7
octavier	16	ordonnancer	8
octroyer	18	ordonner	7
octupler	7	organiser	7
œilletonner	7	organsiner	7
œuvrer	7	orientaliser	7
offenser	7	orienter	7
officialiser	7	oringuer	7

ornementer	7	ourler	7
orner	7	outiller	7
orthographier	16	outrager	9
osciller	7	outrepasser	7
oser	7	outrer	7
ossifier	16	ouvrager	9
ossulter	7	ouvrer	7
ostraciser	7	ouvrir	27
ôter	7	ovaliser	7
ouater	7	ovationner	7
ouatiner	7	ovuler	7
oublier	16	oxyder	7
ouiller	7	oxygéner	11
ouïr	37	oxytoniser	7
ourdir	20	ozoniser	7

P

pacager	9	palabrer	7
pacemaquer	6	palancrer	7
pacifier	16	palangrer	7
pacquer	7	palanquer	7
pactiser	7	palataliser	7
paddocker	7	paletter	7
paganiser	7	palettiser	7
pagayer	17	pâlir	20
pageoter	7	palissader	7
pager	9	palisser	7
paginer	7	palissonner	7
pagnoter	7	pallier	16
paillarder	7	palmer	7
paillassonner	7	palper	7
pailler	7	palpiter	7
pailleter	12	pâmer	7
paillonner	7	panacher	7
paisseler	12	paner	7
paître	67	panifier	16
pajoter	7	paniquer	7

panneauter	7	parler	7
panner	7	parloter	7
panoramiquer	7	parodier	16
panser	7	parquer	7
panteler	12	parqueter	12
pantoufler	7	parrainer	7
papillonner	7	parsemer	10
papilloter	7	partager	9
papoter	7	participer	7
papouiller	7	particulariser	7
parachever	10	partir	25
parachuter	7	partouzer	7
parader	7	parvenir	23
parafer	7	passementer	7
paraffiner	7	passepoiler	7
paraisonner	7	passer	7
paraître	65	passionner	7
paralléliser	7	pasteller	7
paralyser	7	pasteuriser	7
paramétrer	7	pasticher	7
parangonner	7	pastiller	7
parapher	7	pastiquer	7
paraphraser	7	patafioler	7
parasiter	7	patauger	9
parcellariser	7	pateliner	7
parceller	7	patenter	7
parcelliser	7	pâter	7
parcheminer	7	patienter	7
parcourir	33	patiner	7
pardonner	7	pâtir	20
parementer	7	pâtisser	7
parer	7	patoiser	7
paresser	7	patouiller	7
parfaire	63	patronner	7
parfiler	7	patrouiller	7
parfondre	54	pâturer	7
parfumer	7	paumer	7
parier	16	paumoyer	18
parjurer	7	paupériser	7
parlementer	7	pauser	7

pavaner	7	péricliter	7
paver	7	périmer	7
pavoiser	7	périphraser	7
payer	17	périr	20
peaufiner	7	perler	7
pécher	11	permanenter	7
pêcher	7	perméabiliser	7
pédaler	7	permettre	57
peigner	7	permuter	7
peindre	58	pérorer	7
peiner	7	peroxyder	7
peinturer	7	perpétrer	11
peinturlurer	7	perpétuer	7
peler	13	perquisitionner	7
peller	7	persécuter	7
pelleter	12	persévérer	11
peloter	7	persiffler	7
pelotonner	7	persiller	7
pelucher	7	persister	7
pénaliser	7	personnaliser	7
pencher	7	personnifier	16
pendiller	7	persuader	7
pendouiller	7	perturber	7
pendre	54	pervertir	20
penduler	7	pervibrer	7
pénétrer	11	**peser**	10
penser	7	pester	7
pensionner	7	pestiférer	11
pépier	16	pétarader	7
percer	8	pétarder	7
percevoir	39	péter	11
percher	7	pétiller	7
percuter	7	petit-déjeuner	7
perdre	54	pétitionner	7
perdurer	7	pétrarquiser	7
pérégriner	7	pétrifier	16
pérenniser	7	pétrir	20
perfectionner	7	pétuner	7
perforer	7	peupler	7
perfuser	7	phagocyter	7

phantasmer	7	pirater	7
philosopher	7	pirouetter	7
phosphater	7	pisser	7
phosphorer	7	pistacher	7
photocopier	16	pister	7
photographier	16	pistonner	7
phraser	7	pitancher	7
piaffer	7	pitonner	7
piailler	7	pivoter	7
pianoter	7	placarder	7
piauler	7	**placer**	8
picoler	7	plafonner	7
picorer	7	plagier	16
picoter	7	plaider	7
piéger	15	plaindre	60
piéter	11	plainer	7
piétiner	7	**plaire**	64
pieuter	7	plaisanter	7
piffer	7	planchéier	16
pigeonner	7	plancher	7
piger	9	planer	7
pigmenter	7	planifier	16
pignocher	7	planquer	7
piler	7	planter	7
piller	7	plaquer	7
pilonner	7	plasmifier	16
piloter	7	plastifier	16
pimenter	7	plastiquer	7
pinailler	7	plastronner	7
pincer	8	platiner	7
pindariser	7	platiniser	7
pinter	7	plâtrer	7
piocher	7	plébisciter	7
pioger	9	pleurer	7
pioncer	8	pleurnicher	7
pionner	7	pleuvasser	7
piper	7	pleuviner	7
pique-niquer	7	pleuvioter	7
piquer	7	**pleuvoir**	43
piqueter	12	pleuvoter	8

plier	16	poncer	8
plisser	7	ponctionner	7
plomber	7	ponctuer	7
plonger	9	pondérer	11
ploquer	7	pondre	54
ployer	18	ponter	7
plucher	7	pontifier	16
plumer	7	populariser	7
pluviner	7	poquer	7
pocharder	7	porter	7
pocher	7	portraiturer	7
podzoliser	7	poser	7
poêler	7	positionner	7
poétiser	7	positiver	7
poignarder	7	posséder	11
poiler	7	postdater	7
poinçonner	7	poster	7
poindre	59	posticher	7
pointer	7	postillonner	7
pointiller	7	postposer	7
poireauter	7	postsynchroniser	7
poiroter	7	postuler	7
poisser	7	potasser	7
poivrer	7	potentialiser	7
poivroter	7	potiner	7
polariser	7	poudrer	7
polémiquer	7	poudroyer	18
policer	8	pouffer	7
polir	20	pouliner	7
polissonner	7	pouponner	7
politiquer	7	pourchasser	7
politiser	7	pourfendre	54
polluer	7	pourlécher	11
polycopier	16	pourprer	7
polymériser	7	pourrir	20
pommader	7	poursuivre	76
pommeler	12	**pourvoir**	41
pommer	7	pousser	7
pomper	7	poutser	7
pomponner	7	**pouvoir**	4

praliner	7	prérégler	7
pratiquer	7	présager	9
préacheter	13	prescrire	81
préaviser	7	présélectionner	7
précariser	7	présenter	7
précautionner	7	préserver	7
précéder	11	présider	7
préchauffer	7	pressentir	25
prêcher	7	presser	7
précipiter	7	pressurer	7
préciser	7	pressuriser	7
précompter	7	présumer	7
préconiser	7	présupposer	7
prédestiner	7	présurer	7
prédéterminer	7	prétendre	54
prédiquer	7	prêter	7
prédire	79	prétexter	7
prédisposer	7	prévaloir	45
prédominer	7	prévariquer	7
préempter	7	prévenir	23
préétablir	20	prévoir	40
préexister	7	prier	16
préfacer	8	primariser	7
préférer	11	primer	7
préfigurer	7	priser	7
préfixer	7	privatiser	7
préformer	7	priver	7
préjudicier	16	privilégier	16
préjuger	9	procéder	11
prélasser	7	processionner	7
prélever	10	proclamer	7
préluder	7	procréer	14
préméditer	7	procurer	7
prémunir	20	prodiguer	7
prendre	55	produire	83
prénommer	7	profaner	7
préoccuper	7	proférer	11
préparer	7	professer	7
prépayer	17	professionnaliser	7
préposer	7	profiler	7

profiter	7	protéger	15
programmer	7	protester	7
progresser	7	prouver	7
prohiber	7	provenir	23
projeter	12	proverbialiser	7
prolétariser	7	provigner	7
proliférer	11	provisionner	7
prolonger	9	provoquer	7
promener	10	psalmodier	16
promettre	57	psychanalyser	7
promotionner	7	psychiatriser	7
promouvoir	42	publier	16
promulguer	7	puddler	7
prôner	7	puer	7
prononcer	8	puiser	7
pronostiquer	7	pulluler	7
propager	9	pulser	7
prophétiser	7	pulvériser	7
proportionner	7	punaiser	7
proposer	7	punir	20
propulser	7	purger	9
proroger	9	purifier	16
proscrire	81	putréfier	16
prospecter	7	pyramider	7
prospérer	11	pyrograver	7
prosterner	7	pyrrhoniser	7
prostituer	7		

Q			
quadriller	7	quémander	7
quadrupler	7	quereller	7
qualifier	16	quérir	7
quantifier	16	questionner	7
quarderonner	7	quêter	7
quarrer	7	queuter	7
quartager	9	quintessencier	16
quarter	7	quintupler	7

quittancer	8	quotter	7
quitter	7		

R

rabâcher	7	radioguider	7
rabaisser	7	radioscoper	7
rabanter	7	radiotélégraphier	16
rabattre	56	radoter	7
rabibocher	7	radouber	7
rabioter	7	radoucir	20
râbler	7	raffermir	20
rabonnir	20	raffiner	7
raboter	7	raffoler	7
rabougrir	20	raffûter	7
rabouter	7	rafistoler	7
rabrouer	7	rafler	7
raccommoder	7	rafraîchir	20
raccompagner	7	ragaillardir	20
raccorder	7	rager	9
raccourcir	20	ragoter	7
raccoutrer	7	ragoûter	7
raccoutumer	7	ragrafer	7
raccrocher	7	ragréer	14
racheter	13	raguer	7
raciner	7	raidir	20
racketter	7	railler	7
racler	7	rainer	7
racoler	7	raineter	12
raconter	7	rainurer	7
racornir	20	raire	62
rader	7	raisonner	7
radicaliser	7	rajeunir	20
radier	16	rajouter	7
radiner	7	rajuster	7
radiobaliser	7	ralentir	20
radiodiffuser	7	râler	7
radiographier	16	ralinguer	7

ralléger	9	rappointir	20
rallier	16	rapporter	7
rallonger	9	rapprendre	55
rallumer	7	rapprocher	7
ramager	9	rapproprier	7
ramailler	7	raquer	7
ramander	7	raréfier	16
ramarder	6	raser	11
ramarrer	7	rassasier	16
ramasser	7	rassembler	7
ramastiquer	7	rasseoir	46
rambiner	7	rasséréner	11
ramender	7	rassir	20
ramener	10	rassurer	7
ramer	7	ratatiner	7
rameuter	7	ratatouiller	7
ramifier	16	râteler	12
ramollir	20	rater	7
ramoner	7	ratiboiser	7
ramper	7	ratifier	16
rancarder	7	ratiner	7
rancir	20	ratiociner	7
rançonner	7	rationaliser	7
randonner	7	rationner	7
ranger	9	ratisser	7
ranimer	7	rattacher	7
rapapilloter	7	rattraper	7
rapatrier	16	raturer	7
râper	7	raugmenter	7
rapetasser	7	rauquer	7
rapetisser	7	ravager	9
rapiécer	8	ravaler	7
rapiéceter	13	ravauder	7
rapiner	7	ravigoter	7
raplatir	20	ravilir	20
rapparier	16	raviner	7
rappeler	12	ravir	20
rapper	7	raviser	7
rappliquer	7	ravitailler	7
rappointir	20	raviver	7

ravoir	*	reboucher	7
rayer	17	rebouter	7
rayonner	7	reboutonner	7
razzier	16	rebraguetter	7
réabonner	7	rebroder	7
réabsorber	7	rebrousser	7
réaccoutumer	7	rebuter	7
réactiver	7	recacheter	12
réactualiser	7	recalcifier	16
réadapter	7	recaler	7
réadmettre	57	récapituler	7
réaffirmer	7	recarder	7
réaffûter	7	recarreler	12
réagir	20	recaser	7
réajuster	7	recauser	7
réaléser	11	recéder	11
réaliser	7	receler	13
réaménager	7	recéler	11
réanimer	7	recenser	7
réapparaître	65	recentrer	7
réapprendre	55	recéper	11
réapprovisionner	7	réceptionner	7
réargenter	7	recercler	7
réarmer	7	**recevoir**	39
réarranger	9	rechampir	20
réassigner	7	réchampir	20
réassortir	20	rechanger	9
réassurer	7	rechanter	7
rebaisser	7	rechaper	7
rebander	7	réchapper	7
rebaptiser	7	recharger	9
rebâtir	20	rechasser	7
rebattre	56	réchauffer	7
rebeller	7	rechausser	7
rebiffer	7	rechercher	7
rebiquer	7	rechigner	7
reblanchir	20	rechristianiser	7
reboiser	7	rechuter	7
rebondir	20	récidiver	7
reborder	7	réciter	7

réclamer	7	recréer	14
reclasser	7	recrépir	20
récliner	7	recreuser	7
reclouer	7	récrier	16
reclure	72	récriminer	7
récoler	7	récrire	81
recoller	7	recristalliser	7
recolorer	7	recroiser	7
récolter	7	recroître	69
recommander	7	recroqueviller	7
recommencer	8	recruter	7
recomparaître	65	rectifier	16
récompenser	7	recueillir	28
recomposer	7	recuire	83
recompter	7	reculer	7
réconcilier	16	reculotter	7
recondamner	7	récupérer	11
reconduire	83	récurer	7
réconforter	7	récuser	7
recongeler	13	recycler	7
reconnaître	65	redécouvrir	27
reconnecter	7	redéfaire	67
reconquérir	24	redemander	7
reconsidérer	11	redémarrer	7
reconsolider	7	redémolir	20
reconstituer	7	redescendre	54
reconstruire	83	redevenir	23
reconvertir	20	redevoir	3
recopier	16	rediffuser	7
recoquiller	7	rédiger	9
recorder	7	rédimer	7
recorriger	9	redire	79
recoucher	7	rediscuter	7
recoudre	74	redistribuer	7
recouper	7	redonder	7
recourber	7	redonner	7
recourir	33	redorer	7
recouvrer	7	redoubler	7
recouvrir	27	redouter	7
recracher	7	redresser	7

réduire	83	réfracter	7
réécrire	81	refréner	11
réédifier	16	réfréner	11
rééditer	7	réfrigérer	11
rééduquer	7	refroidir	20
réélire	78	réfugier	16
réembaucher	7	refuser	7
réemployer	18	réfuter	7
réengager	9	regagner	7
réensemencer	8	régaler	7
réentendre	54	regarder	7
rééquilibrer	7	regarnir	20
réer	14	régater	7
réescompter	7	regazonner	7
réessayer	17	regeler	13
réévaluer	7	régénérer	11
réexaminer	7	régenter	7
réexpédier	16	regimber	7
réexporter	7	régionaliser	7
refaçonner	7	régir	20
refaire	63	réglementer	7
refendre	54	régler	11
référencer	8	régner	11
référer	11	regonfler	7
refermer	7	regorger	9
refiler	7	regratter	7
réfléchir	20	regréer	14
refléter	11	regreffer	7
refleurir	20	régresser	7
refluer	7	regretter	7
refondre	54	regrimper	7
reforger	9	regrossir	20
reformer	7	regrouper	7
réformer	7	régulariser	7
reformuler	7	réguler	7
refouiller	7	régurgiter	7
refouler	7	réhabiliter	7
refourguer	7	réhabituer	7
refourrer	7	rehausser	7
refoutre	54	réhydrater	7

© Bien! Verbtabellen

réifier	16	relooker	7
réimperméabiliser	7	reloquer	6
réimplanter	7	relouer	7
réimporter	7	reluire	83
réimposer	7	reluquer	7
réimprimer	7	remâcher	7
réincarcérer	11	remailler	7
réincorporer	7	remanger	9
réinfecter	7	remanier	16
réinjecter	7	remaquiller	7
réinscrire	81	remarchander	7
réinsérer	11	remarcher	7
réinstaller	7	remarier	16
réintégrer	11	remarquer	7
réinterpréter	11	remastiquer	7
réintroduire	83	remballer	7
réinventer	7	rembarquer	7
réinvestir	20	rembarrer	7
réinviter	7	rembaucher	7
réitérer	11	rembiner	7
rejaillir	20	remblaver	7
rejeter	12	remblayer	17
rejoindre	59	rembobiner	7
rejointoyer	18	remboîter	7
rejouer	7	rembouger	9
réjouir	20	rembourrer	7
relâcher	7	rembourser	7
relaisser	7	rembrunir	20
relancer	8	rembucher	7
rélargir	20	remédier	16
relater	7	remembrer	7
relativiser	7	remémorer	7
relaver	7	remercier	16
relaxer	7	remettre	56
relayer	17	remeubler	7
reléguer	11	remilitariser	7
relever	10	remiser	7
relier	16	remmailler	7
relire	78	remmailloter	7
reloger	9	remmancher	7

remmener	10	renfaîter	7
remodeler	13	renfermer	7
remonter	7	renfiler	7
remontrer	7	renflammer	7
remordre	54	renfler	7
remorquer	7	renflouer	7
remoucher	7	renfoncer	8
remoudre	75	renformir	20
remouiller	7	renfrogner	7
rempailler	7	rengager	9
rempaqueter	12	rengainer	7
remparer	7	rengorger	9
rempiéter	11	rengracier	16
rempiler	7	rengrener	10
remplacer	8	rengréner	11
remplier	16	renier	16
remplir	20	renifler	7
remployer	18	renommer	7
remplumer	7	renoncer	8
rempocher	7	renouer	7
rempoissonner	7	renouveler	12
remporter	7	rénover	7
rempoter	7	renquiller	7
remprunter	7	renseigner	7
remuer	7	rentabiliser	7
rémunérer	11	rentamer	7
renâcler	7	renter	7
renaître	66	rentoiler	7
renarder	7	rentraire	62
renauder	7	rentrayer	17
rencaisser	7	rentrer	7
rencarder	7	rentrouvrir	27
renchaîner	7	renvelopper	7
renchérir	20	renvenimer	7
rencogner	7	renverger	9
rencontrer	7	renverser	7
rendormir	32	renvier	7
rendosser	7	renvier	16
rendre	54	renvoyer	19
reneiger	9	réoccuper	7

réopérer	11	replisser	7
réorchestrer	7	replonger	9
réordonnancer	8	reployer	18
réordonner	7	repolir	20
réorganiser	7	répondre	54
réorienter	7	reporter	7
repairer	7	reposer	7
repaître	68	repositionner	7
répandre	54	repousser	7
reparaître	65	reprendre	55
réparer	7	représenter	7
reparler	7	réprimander	7
repartager	9	réprimer	7
repartir	25	repriser	7
répartir	25	reprocher	7
repasser	7	reproduire	83
repatiner	7	reprogrammer	7
repaver	7	reprographier	16
repayer	17	reprouver	7
repêcher	7	réprouver	7
repeigner	7	républicaniser	7
repeindre	58	répudier	16
rependre	54	répugner	7
repenser	7	réputer	7
repentir	25	requalifier	16
repercer	8	requérir	24
répercuter	7	requinquer	7
reperdre	54	réquisitionner	7
repérer	11	requitter	6
répertorier	16	resaler	7
répéter	11	resalir	20
repeupler	7	resaluer	7
repincer	8	rescinder	7
repiquer	7	réséquer	11
replacer	8	réserver	7
replanter	7	résider	7
replâtrer	7	résigner	7
repleuvoir	43	résilier	16
replier	16	résiner	7
répliquer	7	résinifier	16

résister	7	retapisser	7
résonner	7	retarder	7
résorber	7	retâter	7
résoudre	73	reteindre	58
respecter	7	retéléphoner	7
respirer	7	retendre	54
resplendir	20	retenir	23
responsabiliser	7	retenter	7
resquiller	7	retentir	20
ressaigner	7	retercer	8
ressaisir	20	reterser	7
ressasser	7	retirer	7
ressauter	7	retisser	7
ressayer	17	retomber	7
ressembler	7	retondre	54
ressemeler	12	retordre	54
ressemer	7	rétorquer	7
ressentir	25	retoucher	7
resserrer	7	retourner	7
resservir	35	retracer	8
ressortir	20	rétracter	7
ressouder	7	retraduire	83
ressourcer	8	retraire	62
ressouvenir	23	retraiter	7
ressuer	7	retrancher	7
ressurgir	20	retranscrire	81
ressusciter	7	retransmettre	57
ressuyer	18	retravailler	7
restaurer	6	retraverser	7
rester	6	rétrécir	20
restituer	6	retreindre	58
restreindre	58	rétreindre	58
restructurer	7	retremper	7
résulter	7	rétribuer	7
résumer	7	rétroagir	20
resurgir	20	rétrocéder	11
rétablir	20	rétrograder	7
retailler	7	retrousser	7
rétamer	7	retrouver	7
retaper	7	retuber	7

réunifier	16	rhabiller	7
réunir	20	rhumer	7
réussir	20	ribler	7
réutiliser	7	ribouldinguer	7
revacciner	7	ribouler	7
revaloir	45	ricaner	7
revaloriser	7	ricocher	7
revancher	7	rider	7
rêvasser	7	ridiculiser	7
réveiller	7	riffauder	7
réveillonner	7	rifler	7
révéler	11	rigidifier	16
revendiquer	7	rigoler	7
revendre	54	rimailler	7
revenir	23	rimer	7
rêver	7	rincer	8
réverbérer	11	ringarder	7
revercher	7	ripailler	7
reverdir	20	riper	7
révérer	11	ripoliner	7
revernir	20	riposter	7
reverser	7	**rire**	80
revêtir	26	risquer	7
revigorer	7	rissoler	7
revirer	7	ristourner	7
réviser	7	ritualiser	7
revisiter	7	rivaliser	7
revisser	7	river	7
revitaliser	7	riveter	12
revivifier	16	rober	7
revivre	77	robotiser	7
revoir	40	rocher	7
revoler	7	rôdailler	7
révolter	7	roder	7
révolutionner	7	rôder	7
révolvériser	7	rogner	7
révoquer	7	roidir	20
revoter	7	romancer	8
revouloir	6	romaniser	7
révulser	7	rompre	54

ronchonner	7	rouspéter	11
rondir	20	roussir	20
ronéoter	7	roustir	20
ronflaguer	7	router	7
ronfler	7	rouvrir	27
ronronner	7	rubaner	7
ronsardiser	7	rubéfier	16
roser	7	rucher	7
rosir	20	rudenter	7
rosser	7	rudoyer	18
roter	7	ruer	7
rôtir	20	rugir	20
roucouler	7	ruiler	7
rouer	7	ruiner	7
rougeoyer	18	ruisseler	12
rougir	20	ruminer	7
rougnotter	7	rupiner	7
rouiller	7	ruser	7
rouir	20	russifier	16
rouler	7	rustiquer	7
roulotter	7	rutiler	7
roupiller	7	rythmer	7
rouscailler	7		

S

sabler	7	sacrer	7
sablonner	7	sacrifier	16
saborder	7	safraner	7
saboter	7	saigner	7
sabouler	7	saillir	29
sabrer	7	saillir	20
sacagner	7	saisir	20
saccader	7	saisonner	7
saccager	9	salarier	7
saccharifier	16	saler	7
sacquer	7	salir	20
sacraliser	7	saliver	7

saloper	7	scarifier	16
salpêtrer	7	sceller	7
saluer	7	scénariser	7
sanctifier	16	schématiser	7
sanctionner	7	schlinguer	7
sanctuariser	7	schlitter	7
sandwicher	7	scier	16
sangler	7	scinder	7
sangloter	7	scintiller	7
santonnier	7	sciotter	7
saouler	7	scissionner	7
saper	7	scléroser	7
saponifier	16	scolariser	7
saquer	7	scorifier	16
sarcler	7	scotcher	7
sasser	7	scratcher	7
sataner	7	scribouiller	7
satelliser	7	scruter	7
satiner	7	sculpter	7
satiriser	7	sécher	11
satisfaire	63	seconder	7
saturer	7	secouer	7
saucer	8	secourir	33
saucissonner	7	sectionner	7
saumurer	7	sectoriser	7
sauner	7	séculariser	7
saupoudrer	7	sécuriser	7
saurer	7	sédentariser	7
saurir	20	sédimenter	7
sauter	7	séduire	83
sautiller	7	segmenter	7
sauvegarder	7	ségréguer	11
sauver	7	séjourner	7
savoir	5	sélecter	7
savonner	7	sélectionner	7
savourer	7	seller	7
scalper	7	sembler	7
scandaliser	7	semer	10
scande	7	semoncer	8
scanner	7	sensibiliser	7

sentir	25	singer	9
seoir	48	singulariser	7
séparer	7	siniser	7
septupler	7	siphonner	7
séquencer	8	siroter	7
séquestrer	7	situer	7
sérancer	8	skier	16
serfouir	20	slalomer	7
sérialiser	7	slaviser	7
sérier	16	slicer	7
seriner	7	smasher	7
seringuer	7	smiller	7
sermonner	7	sniffer	7
serpenter	7	snober	7
serrer	7	socialiser	7
sertir	20	socratiser	7
servir	35	sodomiser	7
sévir	20	soigner	7
sevrer	7	solariser	7
sextupler	7	solder	7
sexualiser	7	solenniser	7
shampooiner	7	solfier	16
shampouiner	7	solidariser	7
shooter	7	solidifier	16
shunter	7	solifluer	7
sidérer	11	soliloquer	7
siéger	15	solliciter	7
siffler	7	solubiliser	7
siffloter	7	solutionner	7
signaler	7	somatiser	7
signaliser	7	sombrer	7
signer	7	sommeiller	7
signifier	16	sommer	7
silhouetter	7	somnoler	7
silicatiser	7	sonder	7
siliconer	7	songer	9
sillonner	7	sonnailler	7
similiser	7	sonner	7
simplifier	16	sonoriser	7
simuler	7	sophistiquer	7

sortir	25	sous-titrer	7
sortir	20	soustraire	62
soubattre	56	sous-traiter	7
soubresauter	7	soutacher	7
soucheter	12	soutenir	23
souchever	10	soutirer	7
soucier	16	souvenir	23
souder	7	soviétiser	7
soudoyer	18	spatialiser	7
souffler	7	spécialiser	7
souffleter	12	spécifier	16
souffrir	27	spéculer	7
soufrer	7	speeder	7
souhaiter	7	sphacéler	11
souiller	7	spiritualiser	7
soulager	9	spitter	7
soûler	7	spolier	16
soulever	10	sponsoriser	7
souligner	7	sporuler	7
soumettre	57	sprinter	7
soumissionner	7	squatter	7
soupçonner	7	squeezer	7
souper	7	stabiliser	7
soupeser	10	staffer	7
soupirer	7	stagner	7
souquer	7	staliniser	7
sourciller	7	standardiser	7
sourdre	*	stariser	7
sourire	80	stationner	7
sour-rémunérer	7	statuer	7
sous-alimenter	7	statufier	16
souscrire	81	sténographier	16
sous-employer	18	sténotyper	7
sous-entendre	54	stéréotyper	7
sous-estimer	7	stérer	11
sous-évaluer	7	stériliser	7
sous-exposer	7	stigmatiser	7
sous-louer	7	stimuler	7
sous-payer	7	stipendier	16
sous-tendre	54	stipuler	7

stocker	7	suffixer	7
stopper	7	suffoquer	7
stranguler	7	suggérer	11
stratifier	16	suggestionner	7
stresser	7	suicider	7
striduler	7	suiffer	7
strier	16	suinter	7
stripper	7	**suivre**	76
striquer	7	sulfater	7
structurer	7	sulfiter	7
stupéfaire	*	sulfoner	7
stupéfier	16	sulfurer	7
stuquer	7	superfinir	20
styler	7	superposer	7
styliser	7	superviser	7
subdéléguer	11	supplanter	7
subdiviser	7	suppléer	14
subir	20	supplémenter	7
subjuguer	7	supplicier	16
sublimer	7	supplier	16
submerger	9	supporter	7
subodorer	7	supposer	7
subordonner	7	supprimer	7
suborner	7	suppurer	7
subroger	9	suppurer	7
subsister	7	supputer	7
substantiver	7	surabonder	7
substituer	7	surajouter	7
subsumer	7	suralimenter	7
subtiliser	7	surarmer	7
subvenir	23	surbaisser	7
subventionner	7	surcharger	9
subvertir	20	surchauffer	7
succéder	11	surclasser	7
succomber	7	surcomprimer	7
sucer	8	surcontrer	7
suçoter	7	surcouper	7
sucrer	7	surdorer	7
suer	7	surédifier	16
suffire	82	surélever	10

surenchérir	20	surplomber	7
surentraîner	7	surprendre	55
suréquiper	7	surproduire	83
surestimer	7	surprotéger	9
surévaluer	7	sursaturer	7
surexciter	7	sursauter	7
surexploiter	7	sursemer	10
surexposer	7	**surseoir**	50
surfacer	8	surtaxer	7
surfacturer	7	surtondre	54
surfaire	63	surveiller	7
surfer	7	survenir	23
surfiler	7	survivre	77
surgeler	13	survoler	7
surgeonner	7	survolter	7
surgir	20	susciter	7
surglacer	8	suspecter	7
surhausser	7	suspendre	54
surimposer	7	sustenter	7
suriner	7	susurrer	7
surinterpréter	7	suturer	7
surinvestir	20	swinguer	7
surir	20	syllaber	7
surjaler	7	symboliser	7
surjeter	12	symétriser	7
surlier	16	sympathiser	7
surligner	7	synchroniser	7
surmener	10	syncoper	7
surmonter	7	syncristalliser	7
surmouler	7	syndicaliser	7
surnager	9	syndiquer	7
surnommer	7	synthétiser	7
suroxyder	7	syntoniser	7
surpasser	7	systématiser	7
surpayer	17		

T

tabasser	7	targuer	7
tabler	7	tarifer	7
tabouiser	7	tarir	20
tabuler	7	tarmacadamiser	6
tacher	7	tartiner	7
tâcher	7	tartir	20
tacheter	12	tasser	7
taguer	7	tâter	7
taillader	7	tatillonner	7
tailler	7	tâtonner	7
taire	64	tatouer	7
taler	7	taveler	12
taller	7	taxer	7
talocher	7	tayloriser	7
talonner	7	tchatcher	7
talquer	7	techniciser	7
tambouriner	7	techniser	7
tamiser	7	technocratiser	7
tamponner	7	teiller	7
tancer	8	teindre	58
tanguer	7	teinter	7
tanner	7	télécommander	7
tanniser	7	télécopier	16
tapager	9	télédiffuser	7
taper	7	télégraphier	16
tapiner	7	téléguider	7
tapir	20	télémétrer	11
tapisser	7	téléphoner	7
taponner	7	télescoper	7
tapoter	7	téléviser	7
taquer	7	télexer	7
taquiner	7	témoigner	7
tarabiscoter	7	tempérer	11
tarabuster	7	tempêter	7
tarauder	7	temporiser	7
tarder	7	tenailler	7
tarer	7	tendre	54

tenir	23	titiller	7
tenonner	7	titrer	7
ténoriser	7	tituber	7
tenter	7	titulariser	7
tercer	8	toaster	7
tergiverser	7	toiler	7
terminer	7	toiletter	7
ternir	20	toiser	7
terrasser	7	tolérer	11
terreauter	7	tomber	7
terrer	7	tomer	7
terrifier	16	tondre	54
terrir	20	tonifier	16
terroriser	7	tonitruer	7
terser	7	tonner	7
tester	7	tonsurer	7
tétaniser	7	tontiner	7
téter	11	toper	7
texturer	7	topicaliser	7
texturiser	7	toquer	7
théâtraliser	7	torcher	7
thématiser	7	torchonner	7
théoriser	7	tordre	54
théoriser	7	toréer	14
thésauriser	7	toronner	7
thésauriser	7	torpiller	7
tictaquer	7	torréfier	16
tiédir	20	torsader	7
tiercer	8	tortiller	7
tigrer	7	tortorer	7
tiller	7	torturer	7
timbrer	7	totaliser	7
tinter	7	toucher	7
tintinnabuler	7	touer	7
tiquer	7	touiller	7
tirailler	7	toupiller	7
tirebouchonner	7	toupiner	7
tirer	7	tourber	7
tisonner	7	tourbillonner	7
tisser	7	tourillonner	7

tourmenter	7	transhumer	7
tournailler	7	transiger	9
tournasser	7	transir	20
tournebouler	7	transistoriser	7
tourner	7	transiter	7
tournicoter	7	translater	7
tourniller	7	translittérer	11
tourniquer	7	transmettre	57
tournoyer	18	transmigrer	7
toussailler	7	transmuter	7
tousser	7	transparaître	65
toussoter	7	transpercer	8
trabouler	7	transpirer	7
tracasser	7	transplanter	7
tracer	8	transporter	7
tracter	7	transposer	7
traduire	83	transsubstantier	16
traficoter	7	transsuder	7
trafiquer	7	transvaser	7
trahir	20	transvider	7
traînailler	7	traquer	7
traînasser	7	traumatiser	7
traîner	7	travailler	7
traire	62	travailloter	7
traiter	7	traverser	7
tramer	7	travestir	20
tranchefiler	7	trébucher	7
trancher	7	tréfiler	7
tranquilliser	7	treillager	9
transbahuter	7	treillisser	7
transborder	7	trémater	7
transcender	7	trembler	7
transcoder	7	trembloter	7
transcrire	81	trémousser	7
transférer	11	tremper	7
transfigurer	7	trémuler	7
transfiler	7	trépaner	7
transformer	7	trépasser	7
transfuser	7	trépider	7
transgresser	7	trépigner	7

tressaillir	29	tropicaliser	7
tressauter	7	troquer	7
tresser	7	trotter	7
treuiller	7	trottiner	7
trévirer	7	troubler	7
trianguler	7	trouer	7
triballer	7	troussequiner	7
tricher	7	trousser	7
tricoter	7	trouver	7
trier	16	truander	7
trifouiller	7	trucider	7
triller	7	truffer	7
trimarder	7	truquer	7
trimballer	7	trusquiner	7
trimer	7	truster	7
tringler	7	tuber	7
trinquer	7	tuberculiner	7
triompher	7	tuberculiser	7
tripatouiller	7	tuer	7
tripler	7	tuiler	7
tripoter	7	tuméfier	16
triquer	7	turbiner	7
triséquer	11	turlupiner	7
trisser	7	tuteurer	7
triturer	7	tutoyer	18
tromper	7	tuyauter	7
trompeter	12	twister	7
tronçonner	7	tympaniser	7
trôner	7	typer	7
tronquer	7	tyranniser	7

U

ulcérer	11	universaliser	7
ululer	7	urbaniser	7
unifier	16	urger	9
uniformiser	7	uriner	7
unir	20	user	7

usiner	7	utiliser	7
usurper	7		

V

vacciner	7	vautrer	7
vaciller	7	végéter	11
vacuoliser	7	véhiculer	7
vadrouiller	7	veiller	7
vagabonder	7	veiner	7
vagir	20	vélariser	7
vaguer	7	vêler	7
vaincre	61	velouter	7
vaironner	7	vendanger	9
valdinguer	7	vendre	54
valeter	12	vénérer	11
valider	7	venger	9
valiser	7	venir	23
vallonner	7	venter	7
valoir	45	ventiler	7
valoriser	7	ventouser	7
valouser	7	verbaliser	7
valser	7	verbiager	9
vamper	7	verdir	20
vampiriser	7	verdoyer	18
vandaliser	7	verduniser	7
vanner	7	verglacer	8
vanter	7	vérifier	16
vaporiser	7	verjuter	7
vaquer	7	vermiculer	7
varapper	7	vermiller	7
varier	16	vermillonner	7
varloper	7	vermouler	7
vaseliner	7	vernir	20
vaser	6	vernisser	7
vasouiller	7	verrouiller	7
vassaliser	7	verser	7
vaticiner	7	versifier	16

© Bien! Verbtabellen

vesser	7	vitrifier	16
vétiller	7	vitrioler	7
vêtir	26	vitupérer	11
vexer	7	vivifier	16
viabiliser	7	vivoter	7
viander	7	**vivre**	77
vibrer	7	vocaliser	7
vibrionner	7	vociférer	11
vicier	16	voguer	7
vidanger	9	voiler	7
vider	7	**voir**	40
vieillir	20	voisiner	7
vieller	7	voiturer	7
vilipender	7	volatiliser	7
villégiaturer	7	volcaniser	7
vinaigrer	7	voler	7
viner	7	voleter	12
vinifier	16	voliger	9
violacer	8	volleyer	17
violenter	7	volter	7
violer	7	voltiger	9
violoner	7	vomir	20
vioquir	20	voter	7
virer	7	vouer	7
virevolter	7	**vouloir**	6
virguler	7	voussoyer	18
viriliser	7	voûter	7
viroler	7	vouvoyer	18
viser	7	voyager	9
visionner	7	vriller	7
visiter	7	vrombir	20
visser	7	vulcaniser	7
visualiser	7	vulgariser	7
vitrer	7		

W

warranter	7		

Y			
yoyoter	7		

Z			
zapper	7	zinguer	7
zébrer	11	zinzinuler	7
zester	7	zipper	7
zézayer	17	zoner	7
ziber	7	zoomer	7
zieuter	7	zouker	7
zigouiller	7	zozoter	7
zigzaguer	7	zyeuter	7
zinguer	7		

Anhang

accroire
nur im Infinitiv

apparoir
présent: il/elle appert

assavoir
nur im Infinitiv

chaloir
présent: il/elle chaut

comparoir
nur im Infinitiv

courre
nur im Infinitiv

ester
nur im Infinitiv

férir
nur im Infinitiv

forclore
nur im Infinitiv

issir
nur im Infinitiv

malfaire
nur im Infinitiv

occire
nur in den zusammengesetzten Zeiten
participe: occis

ravoir
nur im Infinitiv

sourdre
présent: il/elle sourd; ils/elles sourdent
imparfait: il/elles sourdait; ils/elles sourdaient
passé simple: il/elle sourdit; ils/elles sourdirent
future: il/elle soudra; ils/elles soudront
subjonctif présent: il/elle sourde; ils/elles sourdent
subjonctif imparfait: il/elle sourdît; ils/elles sourdissent
conditionnel présent: il/elle sourdrait; ils/elles sourdraient

stupéfaire
nur in den zusammengesetzten Zeiten
participe: stupéfait

www.lernhilfen-sprachen.com
www.lernhilfen-shop.com
Titelbild: Fotolia
ISBN-13: 9783741223297
ISBN-10: 3741223298

Herstellung und Verlag:
BoD - Books on Demand, Norderstedt
ISBN 978-3-7412-3748-5